人物叢書

新装版

山村才助

やま　むら　さい　すけ

鮎沢信太郎

日本歴史学会編集

吉川弘文館

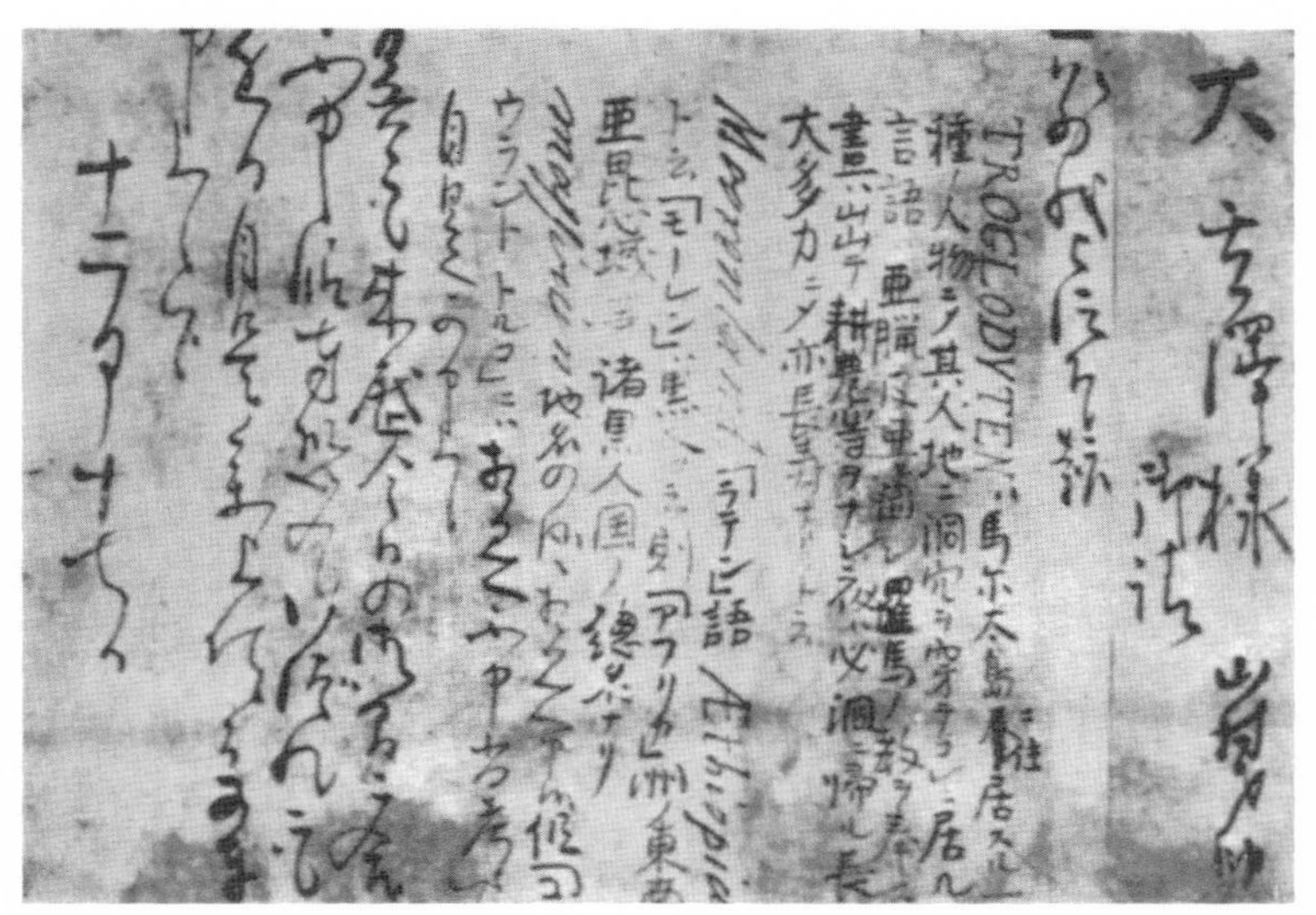

山村才助書状　（早稲田大学図書館所蔵）

山村才助から大槻玄沢に宛てた手紙。いつの12月17日か不明。玄沢の質問に答えたもの。「コーラント＝トルコ」については本文153ページ参照。（南大曹博士旧蔵書翰の中）

（大槻）
大　玄沢様　　山村才助

御請

一別紙被㆓仰下㆒候趣

TROGLODYTEN ハ馬爾太島ニ住居スル一種ノ人物ニシテ、其人、地ニ洞穴ヲ穿テコレニ居ル。言語ハ亜臘皮亜ニ同シ。邏馬ノ教ヲ奉ス。昼ハ出テ耕農等ヲナシ、夜ハ必洞ニ帰ル。長大多力ニシテ、亦長寿ナリト云。

Moorenland,「ラテン」語 Æthiopia ト云。「モーレン」ハ黒人ヲ云。則「アフリカ」洲ノ東南亜毘心域等諸黒人国ノ総名ナリ。

massirien, 地名の様ニ相見ヘ申候。但「コウラントトルコ」ニハ相見ヘ不㆑申、尚考候て自㆑是可㆓申上㆒候。

呉々も来歴、今日の御間ニ合不㆑申段、奉㆓恐入㆒候。いづれにも、近日自㆑是参上仕候而可㆑奏㆓申上㆒候。以上。

十二月十七日

山村才助のローマ字蔵書印（直径二センチ）

才助は前野良沢の翻訳した『仁言私説』を「寛政二年季夏上旬写」して、そのはじめにこの印鑑をおした。一つは「山村」のＩＡＭＡ（ヤマ）を交錯させたもの。一つは「才助」のＳＡ（サ）を表わしたものである。（この印のある『仁言私説』は石原明氏所蔵）

地球畧全圖

地球略全図

此二図ハ乃チ上ニ所言ノ南北極為レ経、赤道為レ緯者ナリ。今西刻ノ諸図皆多クコレヲ用ユ。

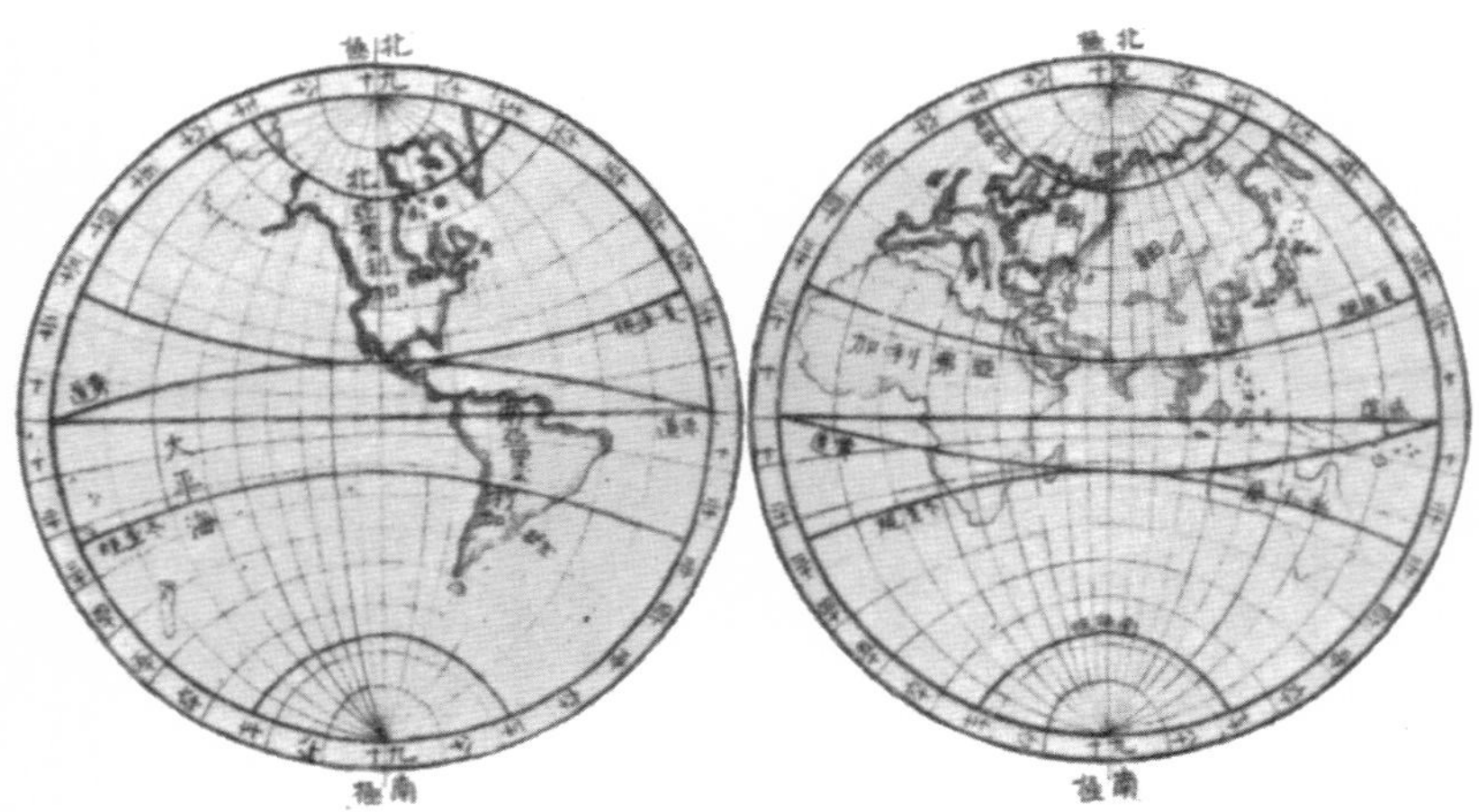

山村才助自筆の「地球略全図」とその題字

この地球図３種はその説明と共に才助の大著『訂正増訳采覧異言』の附図のはじめに載せたもの。流布本にこの図を載せたものが少ない。「地球略全図」(直径11.5cm)「南北輿地半球図」(直径8.7cm)「別種南北半球図」(直径8.9cm) の三つを一括して「地球略全図」と題した。いずれにも淡彩を施して，五大洲を色別してある。本文162ページ参照。

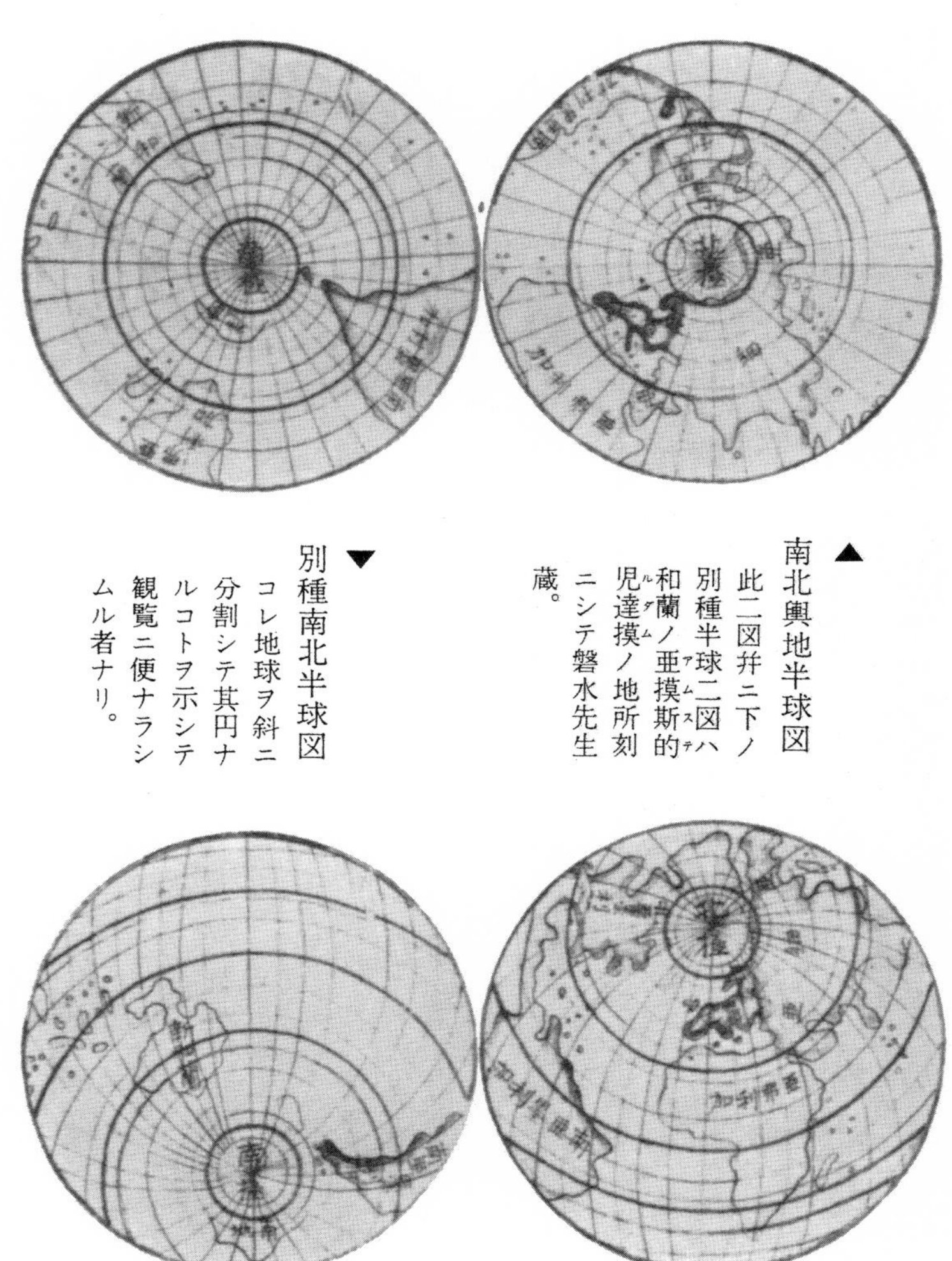

▲南北輿地半球図
此二図幷ニ下ノ別種半球二図ハ和蘭ノ亜摸斯的児達摸(アムステルダム)ノ地所刻ニシテ磐水先生蔵。

▼別種南北半球図
コレ地球ヲ斜ニ分割シテ其円ナルコトヲ示シテ観覧ニ便ナラシムル者ナリ。

山村才助の墓碑

正面には「五徳」の家紋の下に「将応院詠誉法吟居士 文化四卯天 九月十九日」とあって、その下に「俊方童女 文化三丙 十一月廿三日 母加勢氏」とある。東京・多磨墓地所在。（本文二四〇ページ参照）

紀恩碑は大正九年十月、才助の曽孫山村慶二の建てたもの。篆額は土屋正直、文は大槻如電、書は市河三陽の筆。茨城県土浦市亀城公園所在。（本文二八八ページ参照）

山村才助贈位紀恩之碑文

はしがき

それは二十年も前の話です。或る日、私は東京本郷三丁目の古本屋の主人から、何かの役にたつかも知れないと、もみくちゃになった美濃判紙四枚ばらばらの、地図らしい紙くずを貰って来ました。それが、どうでしょう。つなぎ合わせて見ると、いま日本に一つか、二つという山村才助の『華夷一覧図』だったではありませんか。

それから、もう一つ。これは昭和十九年の秋のことだったと思います。東京掃苔会(そうたいかい)で、故藤浪剛一先生の遺品をクジ引きで、わけて下さったことがありました。その時、私には、土浦亀城(きじょう)公園にある山村才助先生の記念碑の拓本一軸が当りました。私はうれしくて、うれしくて、これを、床の間にかけて、毎日ながめていました。ところが、昭和二十年八月一日の八王子空襲の時、それを焼かれてしまいました。いま、また改めて、思い出して、残念でたまりません。

それから、これは二－三年前のことです。東京目黒の古本屋に、まことに善い写しの『訂正増訳采覧異言』が出ました。値段が少し高すぎるかとも思いましたが、買っておきました。ところが、その首巻地図の部を、近ごろ岡村千曳先生にお目にかけると、

「これは才助の自筆だ」と折紙がつきました。

さて、最後に、これは昨年の秋のことです。突然に『人物叢書』編輯部から手紙をいただきました。何かと思って見ますと、『山村才助』を書けというのでした。

私には、何か、山村才助先生に、ご縁があったということでしょうか。

私は日本地理学史上の才助は少し調べていたのですが、その伝記となると皆目わかりませんでした。これはちょっと荷が重いかと思い迷いましたが、幸いに山村才助研究の先輩、大久保利謙さんと岩崎克己さんが、助け舟を出して下さるというので、ついに意を決してやって見ることにしました。

さて、いよいよ資料をあさりはじめました。ところで、驚いたことには、いくら探しても、才助の伝記を語る資料が、容易に見つかりません。わずかに、たよりになるのは岩崎克己さんの労作「山村才助伝」と「山村家の系譜と墓碑」だけでした。資料がありすぎても、整理に困りましょうが、てんで無いのは、なお、困りものです。それから、岩崎さんに連れられて、市河三喜先生をお訪ねしたり、柳生四郎さんと飯塚松次郎さんのご案内で土浦の遺跡を見学したり、玉川の静嘉堂文庫へうかがって、丸山季夫さんにお世話になったり、早稲田大学図書館へ行って、中沢保さんにお願いして『訂正四十二国人物図説』をフイルムに収めて貰ったりしました。その結果、皆さんのおかげで、とにかく、この『山村才助』が生れました。私の力が足りないところから、山村才助を十分に描き得なかったのではないか、また誤ったことを書かなかったかなどと、いまになって心を痛めています。しかし、これは首尾がうまく整わなくても、日本にはじめて生れた独立の『山村才助』伝記だということには相違ありません。

この本のために、貴重な資料をお貸し下さった市河三喜先生・山村謹吾氏・石原明氏をはじめ、この調査にお力添え賜わった大久保利謙氏・池田哲郎氏・岩崎克己氏・柳生四郎氏・飯塚松次郎氏・丸山季夫氏・石山洋氏・中沢保氏・進士慶幹氏の諸賢に心からの感謝を捧げます。

なお、本文中に引用した資料で、どうしても原形を示したかったもの以外は、全部ひらがな、新かなづかいに書きかえました。漢文も殆んど、これを書下し、なるべく読(よみ)がなをつけました。原文の読みにくい所は、これを書きかえた所もあります。書中に引用した資料のうち、その所在の書いてないものは、私の手もとにあるものです。

昭和三四年四月一九日

鮎沢信太郎

目次

口絵

挿図

第一　山村才助という人

一　才助の先祖。佐々木高綱もその一族

山村才助といっても、この男が何ものであるのか知る人がすくない。

系図による才助の先祖

さて、平安の中期に宇多源氏の元祖で一品式部卿敦実親王という人がいた。それから数えて、四世に佐々木源太夫章経が出た。はじめ近江の国(滋賀県)佐々木に住んで、弓馬の道にたずさわった。この章経から更に四代目に盛綱が出た。この盛綱の弟が、かの源平合戦史で有名な宇治川先陣争いの佐々木四郎高綱である。

年を経て、この盛綱の後裔に秀昌が出た。この秀昌は江州(滋賀県)佐和山城主であった。元亀元年(一五七〇)六月二十九日のことである。織田信長・徳川家康の連合軍

が朝倉義景・浅井長政らと江州姉川に戦った。この時、秀昌は織田・徳川勢の先鋒として参戦した。秀昌を継いだ秀時は信長にそむき、それがしと姓を改め、本願寺顕如（けんにょ）の招きに応じた。それは天正二年（一五七四）のことであった。ところが天正八年に至って、顕如すなわち本願寺光佐（こうさ）は正親町（おおぎまち）天皇の命に従い、信長との戦をやめて、紀州（和歌山県）雑賀（さいが）に移った。そこで秀時は、両者の間に立場を失い、やむなく、北国に退いた。おちついた所が加賀の国（石川県）の山村であった。この山村が、すなわち、この本に語ろうとする才助山村姓のもとである。さて、山村の住人となった秀時は、天正十三年四月二十四日、六十八歳で病歿した。このあたりから、山村家の系譜は漸くたしかなものになって来る。

秀時の子を山村小七郎正吉といい、その子を角左衛門正頼といった。この正頼は何かわけがあって笠松と姓を改め、文禄朝鮮の役には、福島正則に従った。元和五年（一六一九）六月、福島家の没落にあって、正頼は北国能登（石川県）に下り、髪を落

山村氏土浦藩士となる

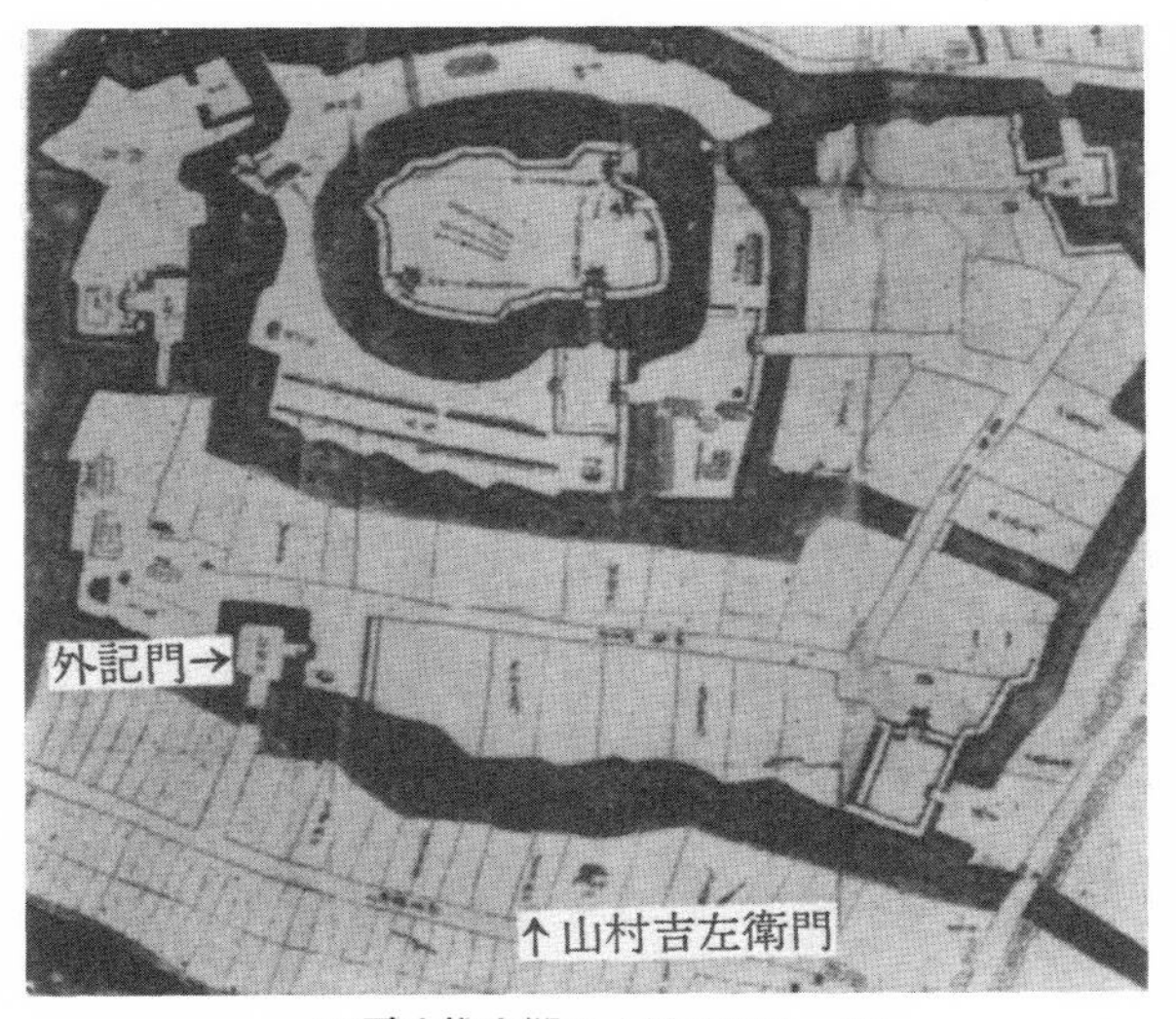

江戸時代中期の土浦地図の一部

天保七年五月，土浦会所で前沢江左衛門所持の絵図を借りて写したもの。外記門を出て，左に折れて，十番目の区画が山村吉左衛門となっている。（162 cm×240 cm）

した。この人は、徳川三代将軍家光のころ、正保三年（一六四六）九月二十四日まで生きて、八十一歳の長命であった。

正頼の三男正家を山村次郎右衛門（寛文八年歿五十八歳）といい、その長子を山村吉左衛門昌義（享保八年歿七十九歳）といった。この昌義に至って、はじめて、常陸の国（茨城県）土浦城主土屋但馬守数直に用人としてつかえた。『土浦藩家譜』（稿本）の山村家は、この人からはじまり、禄高百五十石とある。この時から、山村家は代々土浦侯の家臣として、明治維新にまで至った。

二　才助の両親。母は歌人「くろうの内侍」

吉左衛門の長子山村庄蔵昌豊を経て、その子が山村郷助昌周となる。この郷助に二人の男子があった。長男を伊之助昌茂といい、弟を慶蔵昌敬といった。この長男伊之助を、また市弥とも司ともいった。この人が、この本の主人公山村才助の父である。

才助の父を知ることは、やがて、その子才助を知るのに、よい手づるともなるであろう。ここに煩をいとわず、『土浦藩家譜』に出ている才助の父に関する記事を摘出しておく。

才助の父司の履歴書

山村　司（高百五十石、初伊之助・市弥）

○宝暦三酉(一七五三)十二月四日　お側へ召出さる。金六両三人扶持、ほかに支度金三両。
○同九(一七五九)卯十月五日　奥詰、ご近習見習。ご加金一両。
○同十二(一七六二)午十二月七日　お番入。ご加金一両。
○明和四(一七六七)亥九月十日　奥詰。ご近習頭取。
○同五(一七六八)子三月六日　亡父迹式、取来百五拾石相違なく下さる。
○同九(一七七二・安永元)辰六月十一日　お使番。
○安永三(一七七四)午八月六日　お書札方。
○同五(一七七六)申九月朔日　公役お留守居一ヵ年。お役料米八拾俵。
○天明五(一七八五)巳十一月二十八日　ご用人。公役お留主居これまでの通り。
○寛政元(一七八九)酉六月二十八日　ご用人首尾能ご免。格式これまでの通り。公役お留主居。
○同二(一七九〇)戌二月八日　お目付定月番。三月十五日　宗門方。七月二十三日　ご用人帰役。
○同三(一七九一)亥三月二十八日　お供方加役。

○同七(一七九五)卯七月二十八日　お番頭兼ご用人これまでの通り。
○同十二(一八〇〇)申九月十三日　隠居。(筆者かな文に改め)

これは、つまり、才助の父の辞令の原簿にあたるものだ。土浦の人人にたずねて見ると、当時、百五十石どりといえば、この藩としては、中堅どころの藩士だという。司に一人の弟があった。慶蔵といった。

才助の母とその周囲

才助にとっては叔父に当るこの慶蔵は足利(栃木県)藩主戸田大隅守の家臣鈴木覚兵衛の養子となって、鈴木家を継いだ。この鈴木覚兵衛の娘山瀬カノは寛政から文化・文政のころに名高かった儒者市河寛斎を生んだ。いいなおせば、市河寛斎は鈴木覚兵衛の孫である。さて、市河寛斎には妹があって、これを山瀬まきといった。この山瀬まきが山村伊之助(司)に嫁して生んだのが、すなわち、才助兄弟である。つまり、山村才助にとって、高名の儒学者市河寛斎は、母がたの伯父に当る。

才助の伯父市河寛斎

市河寛斎には二人の男子があった。長男が書の大家として一世に名高かった米庵で、次男が画を能くして名のあった鏑木祥胤（かぶらぎよしたね）である。この兄弟は、すなわち、才助にとって従兄弟（いとこ）に当る。ついでながら市河家は、寛斎から米庵・万庵と学者・文人を輩出した。土浦の亀城公園にある才助記恩碑の字を書いた市河三陽と、その令弟で、わが国英学界の長老市河三喜博士も共に万庵の子である。つまり米庵の孫に当るわけである。

才助の母まき

才助の母まきは、宝暦元年（一七五一）生れ。山瀬新五兵衛（市川小左衛門好邦の次男館林（群馬県）藩士山瀬一親の家を継ぐ）の娘である。まきの母は、才助の叔父山村慶蔵の養父鈴木覚兵衛の女（むすめ）カノである。

才助の母まきは、文学に趣味をもち、ことに狂歌をよくした。そして、自ら「くろうの内侍（ないし）」と号した。内侍は「無い」にかけたもので「苦労が無い」はずだが、実は逆であった。常人でなかった長男才助にもいろいろと心を痛めたに相違ない。

才助の祖母

また、はやく寡婦（かふ）になった姑晴（しゅうとはる）につかえることにも苦労はたえなかった。姑の晴（はる）は富田氏の出。雲晴院といい、才助の祖父山村郷助昌周（まさちか）の妻である。郷助の歿後、

山村家姻戚関係略系図

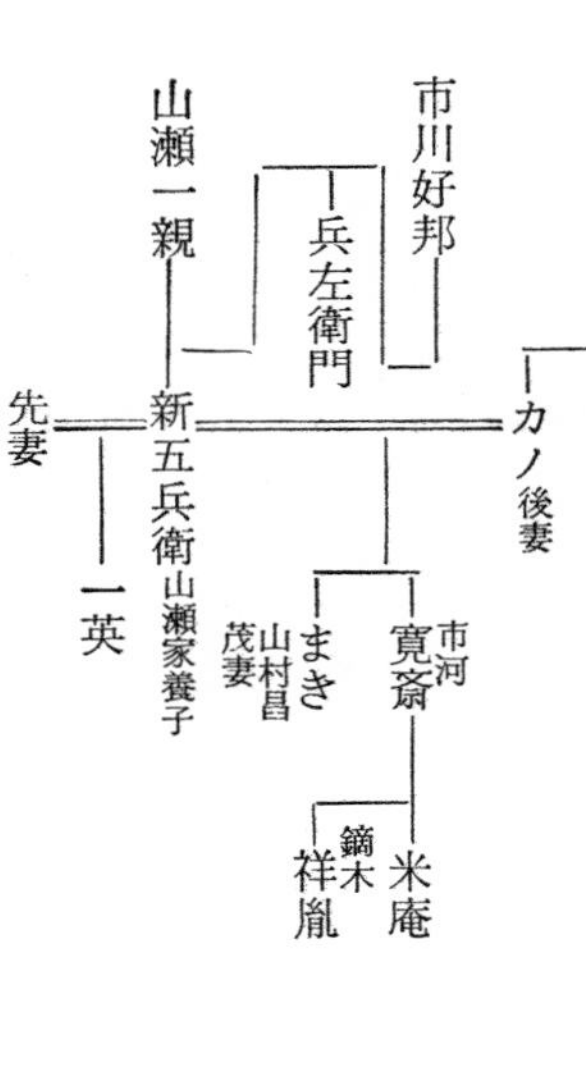

寡をまもること、およそ三十年。寛政八年(一七九六)十二月二十五日に死んだ。才助が二十七歳の時だった。才助の母、文人まきには大いに苦労があった。それが逆に「苦労の無い侍」と名のらせる生活基盤であった。まきは、狂歌ばかりでなく、和歌も上手であったに相違ない。甥の市河米庵から「山村御叔母様」にあてた文化六年(一八〇九)一月十七日

づけの書翰がある。その中に「さて、この短冊よんどころなく頼まれ候につき、何とも、ご面倒ながら、どの様にても、お認め下さるべく候。甚だ全く急ぎ候間、相成るべくは、三―四日中に願い上げ候」（『東洋文化』所載「市河米庵伝」(七)）とある。才助の母まきが甥の米庵を通じて、他人から短冊をたのまれたわけである。米庵は「よんどころなく」といい、大急ぎで「三―四日中」にお願いしたいといった。短冊に狂歌というのもいかがかと思われる。これは、まきが和歌を詠み、しかも、それは相当人にきこえた歌よみだったことを思わせる言葉と見た方がよさそうだ。

才助の母の歌

文化五年（一八〇八）市河寛斎が六十の年を迎えた時、これを祝う「山村司妻」の万葉仮名で書いた歌がある。

己能可美乃牟曽旄乃賀乎。伊和比多弖麻都利弖。

可擬利奈伎。伎美我与和比波。久礼多気乃。奈乎恵太志㝵美。伊久与佐可閉牟。

というのである。この歌のあとに添えて寛斎夫人に贈った同人の歌が一つある。

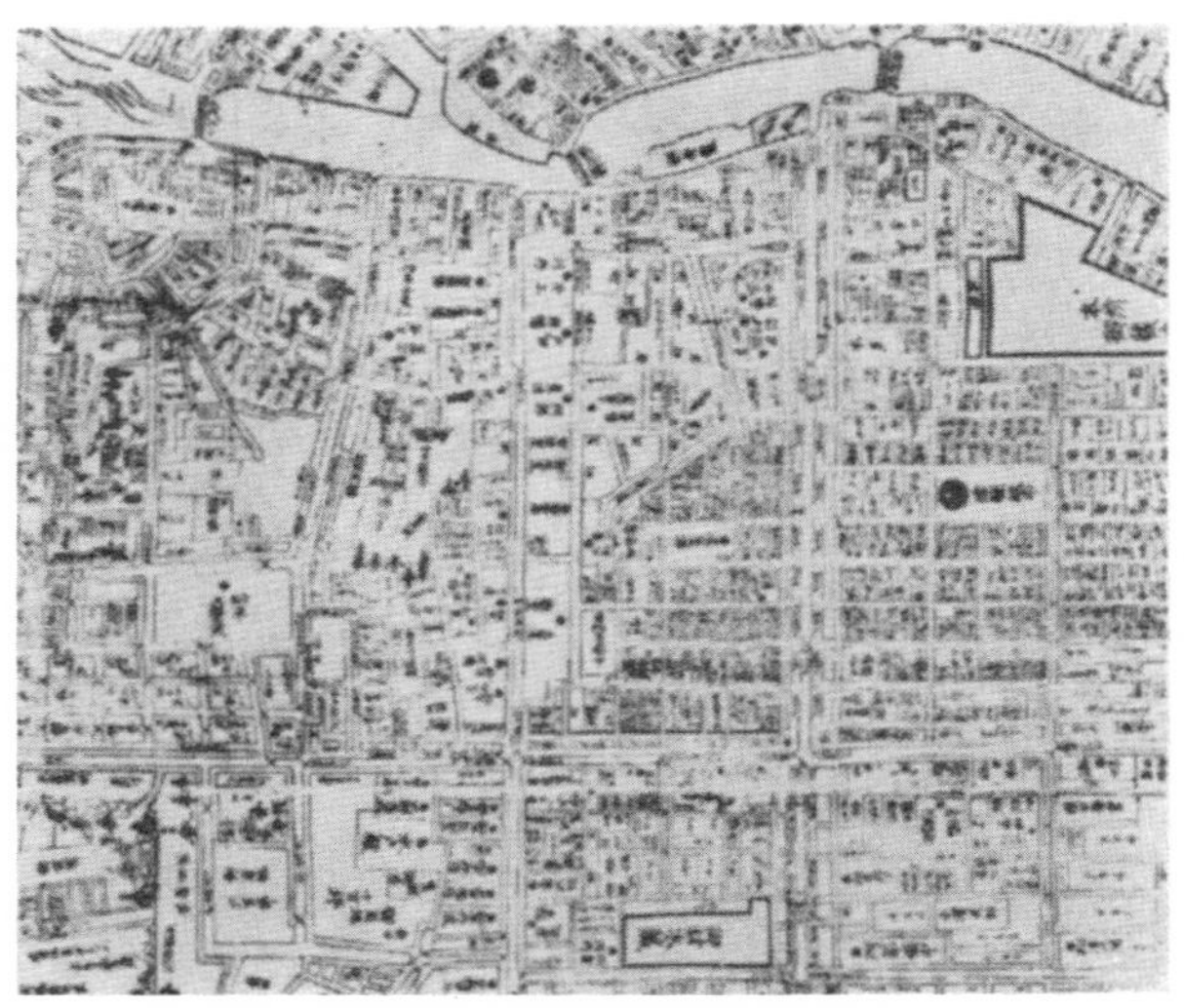

安永四年江戸須原屋茂兵衛蔵版『分間江戸大絵図』深川の一部

新大橋を渡って深川へ出る。右に折れ，二つ目の通り万年橋を渡って，高橋に出る。しばらく行くと，田安殿と並んで土屋能登の下屋敷がある。才助の生れた所であり，また死んだ所でもある。才助のお墓のあった雲光院も間近に見える。
(170cm×195cm)　　次のページは部分を拡大。

阿禰擬美爾毛。伊曽旎
爾奈良世多麻閉婆。奈
乎阿比於比乃麻都乃。
都伎志奈伎与波比乎。
賀志多弖麻都利弖。
気布与利処。伊夜佐可
布良志。阿比乎比乃。
麻都乃知止世乃。須閉
序比佐志伎（『江湖盛事』）

というのである。「このかみ」とは兄のこと。寛斎を兄とよぶ山村司の妻は、まさしく才助の母まきに相違ない。

才助の生れた時

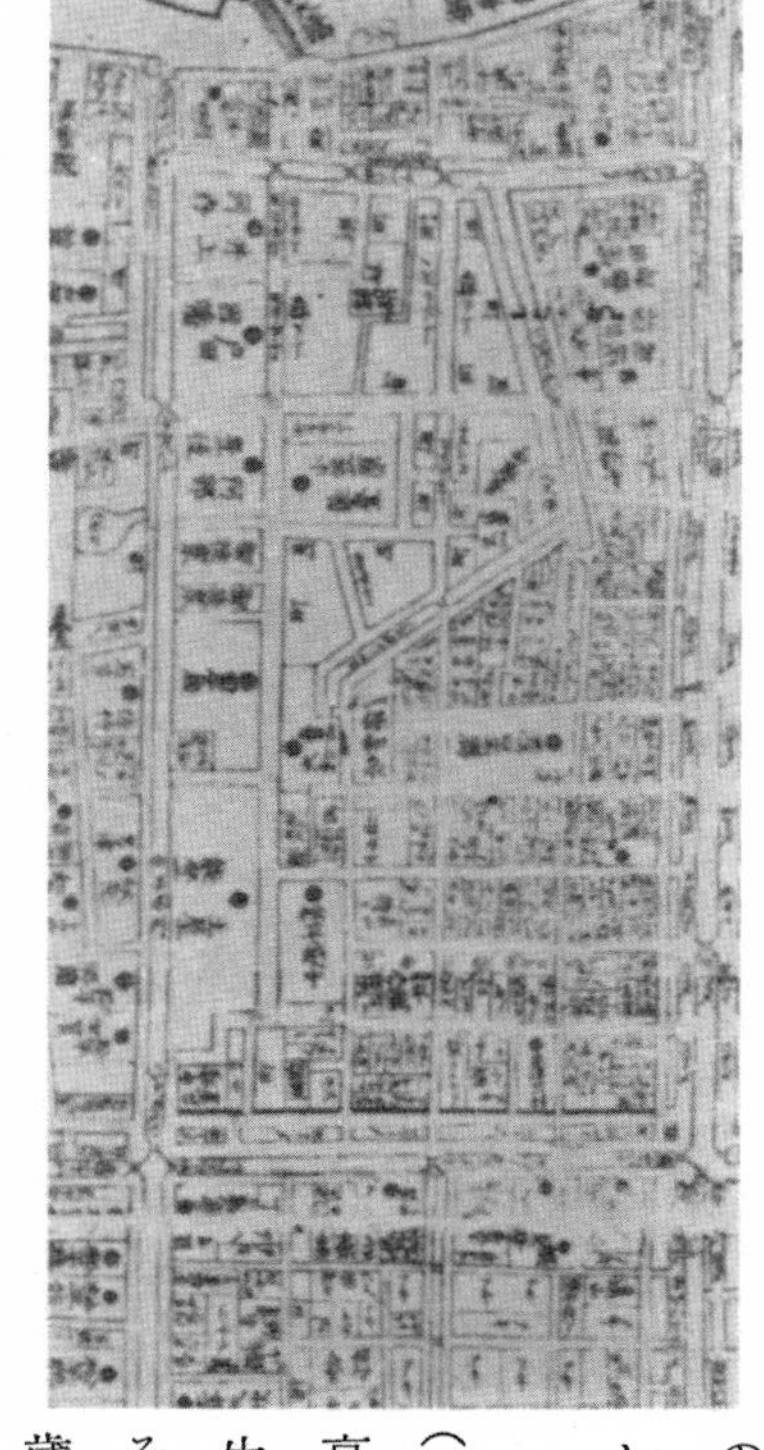

才助は明和七年（一七七〇）江戸深川、高橋の土浦藩邸に生れた。この年、その父司は二十八歳。その母まきは二十歳であった。ここで、もう一度さきにあげた司の履歴書にあたって見よう。

才助の父司は、この時、明和四年九月十日の発令に従って、藩主土屋能登守篤直侯の奥詰め、ご近習頭取だったはず。また明和五年六月には亡父郷助の相続を確認されて、百五十石どりの当主となっていたはずである。そうすると、才助は、当時としては、社会的に恵まれた部に属する家に生れたことになる。

才助の名号

さて、才助というのは通称で、実名を昌永（まさなが）といった。大人になっては、字（あざな）を子（し）明（めい）といい、夢遊道人（むゆうどうじん）と号した。この号の由来を知らないが、夢に遊ぶ道人とは才助の生涯を、自ら一言にして掩（おお）ったかの観がある。

才助の弟二人

才助には二人の弟があった。すぐの弟が三隅（みすみ）で、初名を小七郎といい、岩次郎また七蔵ともいった。阿部備中守（あべびっちゅうのかみ）の臣海塩（かいしお）庄兵衛の養子となって、海塩忠左衛門といった。この人は文政八年（一八二五）十月二十五日病歿した。つぎの弟が昌一で、初名を郷次郎といい、通称は岩蔵といった。寛政六年（一七九四）に十八歳というから、逆算して安永六年（一七七七）生れであろうか。そうとすれば岩蔵は長兄才助より七ツ年下である。この山村岩蔵は、その母まきの指導によるものだろうか、狂歌をよくして、長髄毛波江（ながすねけはえ）と号した。

才助の弟岩蔵

おまきから、その甥市河米庵にあてたと思われる手紙の一つに、「またまた才助まいり申さず候よし故、ちよつと岩蔵を上まいらせ候。箱入むすこにて候えども、雷のごきげんうかがいたさ。ちよつと、さし上まいらせ候。めでたくかしく。」（雑誌『書苑』（昭和十五年）所載『市河寛斎先生』一四所載）というのがある。雷はおまきの兄寛斎のこと。岩蔵はおまきの箱入むすこであった。岩蔵は蜀山人（大田南畝）や岡持（平沢常富）らとも往来したと伝えられるが、その作品を知ることができない。天保八年（一八三七）六十一歳で病歿した。

三　才助幼少すでに地理書を読む

柳の葉で文字を作る

才助は幼少のころから、すでに俊異の性格を現わした。学問が好きであった。藩邸に出入りの時、このんで庭前の柳の葉を集め、これを並べて、文字の形を作って喜んだという話は、幼いころの才助の面影を伝えている。父司が与えた紙鳶に「大学章句序」の全文を書きうつしたのは、才助がまだ六歳の時といわれる。

大学章句序全文を書く

「大学章句序」などというものは大人が見ても、なかなかむづかしい。この時、才助に、この文章の意味が、わかるはずもなかろう。しかし、この話によって、学問のことが何よりも好きな一種の変質児の風貌をしのぶことができる。

才助を描いたただ一つの絵
（大槻如電著『大槻磐水』126頁所収）

幼少すでに地理書を好む

後に才助の蘭学の師となる大槻玄沢は『訂正四十二国人物図説』の附言の中に、「門人山村子明は幼より地理の書を嗜み」と書いている。そればかりではない。才助は自分でも、『訂正増訳采覧異言』の凡例の中に、「昌永幼より輿地紀載の書を好む」と述べた。「輿」はいうまでもなく「こし」だが、そのほかに「つち」とか「大地」という意味もある。地は万物を載せているところから、車のこしに比したのだそうだ。そこで、才助のいう「輿地紀載の書」とは、世界地理書とか、単に地理書とかいう意味で、玄沢先生のいう「地理の書」と同じである。

玄沢という人は、いいかげんなことをいわない学者であった。才助の自らいうところと玄沢の言葉と併(あわ)せて、才助が幼少のころから、とくに地理書を好んで読んだことを信用したい。才助が自ら「幼より」といったのは、いくつぐらいの時のことか、はっきりしない。まさか六歳でもあるまいが、彼が幼少の頃、好んで読んだ地理書の中に、あとで大いに問題になる新井白石の『采覧異言』があった。

儒者また詩文の伯父、狂歌また和歌の母という社会環境が才助の持って生れた才能をあますところなく育てた。天明六年、才助の伯父市河寛斎は、古典に求めて、苦心蒐集(しゅうしゅう)した詩をまとめて、『日本詩記』三冊十二巻を出版した。この時、

伯父市河寛斎の『日本詩記』を校訂

才助は十七歳であった。その学問も相当に進んで、この道については、伯父の信用もできていたものであろう。

『日本詩記』巻の一には「上毛河世寧子静彙編。武蔵山昌永子明同校」と出ている。編者河世寧はむろん市河寛斎、校訂者山昌永は山村才助である。

才助の学問的態度は、その一点一劃をゆるがせにしない緻密なものだったことを、だんだん明らかにするが、当時、第一流の学者たる伯父の著作の校訂に任ずるほどの腕が、この時、すでに青年才助に備わっていたと見てよい。

才助の伯父市河寛斎は、当時江戸の学界にその名が高かった。前野良沢や杉田玄白とも友人の関係にあった。

四　才助蘭学に志す。俗説を訂す

柳沢鶴吉地理学者才助を紹介

土浦(茨城県)の人柳旦柳沢鶴吉は、明治三十九年に『近世土浦小史』を、また大正二年に『土浦の地理学者』を著わし、世に非凡の地理学者山村才助のあることを紹介した。

柳旦は、その中に、しばしば『山村氏言伝書』という資料を使った。そして、柳旦は、才助の蘭学に志したはじめについても、この『言伝書』を引用した。すなわち、才助は

柳沢鶴吉才助の蘭学は高橋作左衛門に学んだという

「皇漢学を修め、更に進んで、幕府天文方兼書物奉行高橋作左衛門について、和蘭(オランダ)学を修めた。当時和蘭国から、幕府へ献納品があった。蓋書(ふたがき)を作左衛門に読ませた。そこにはスランガスティンとあった。それが何品であるか高橋には解することができなかった。そこで作左衛門はこういった。〝門弟に土浦藩士山村才助というものがいる。これを召して解釈せしめよ〟と。才助は召に応じて登営(とうえい)。その品を見て、音読は同じ（作左衛門の読んだのと同じ）。説明には蛇が産(う)んだ黒石と白石だとある。」

という話を引いた。柳旦はこの『言伝書』のいうところをそのままに、「才助、

初め蘭学を高橋作左衛門に学びしも、作左衛門、国禁を犯して、罰せられ、後ち叔父市川寛斎を介して、杉田玄白に問う。玄白年すでに老いて、授業を悉く門人大槻に托せり。」(『近世土浦小史』)と。

高橋至時は伊能忠敬の先生

ここに柳旦は、才助にはじめて蘭学の手ほどきをしたのは高橋作左衛門だといった。同人の別著『土浦の地理学者』には、この高橋は作左衛門東岡だとある。さて、これは本当だろうか。『山村氏言伝書』とはいかなるものだろうか。柳旦はこの高橋作左衛門が、国禁を犯して罰せられたといい、そこで、才助は蘭学を杉田玄白に問うという順序を追った。しかし、これはおそらく、父の東岡高橋作左衛門至時と息子の作左衛門景保を混同したもので、誤りである。父の高橋作左衛門至時といっても、読者は思い出せないかも知れない。この人の弟子に伊能忠敬がいるといえば、人は「ああそうか」と、うなずいてくれるであろう。すなわち、高橋至時は弟子の伊能忠敬より二十も年下の先生というので、有名である。この

高橋景保

人は国禁を犯したことも、罰せられたこともない。国禁を犯したかどで処罰されたのは、至時の子作左衛門景保である。この高橋父子は、江戸幕府の天文台長で、父子ともに天文学者・科学者として有名であった。ことに子の景保は蘭学もできたし、満州語もできたし、地理学もできた。立派な世界地図も作って、銅版印刷とした。伊能忠敬の日本全土の実測も、間宮林蔵の北方探検も、この景保の背景によって、実施された。江戸時代科学史上の大御所と見てよい。景保は文化四年(一八〇七)世界地図の編集をはじめてから、ひきつづき、世界地理の調査をしていた。

高橋一件シーボルト事件

そのための資料を得ようとして長崎出島のオランダ商館づきの医学者シーボルトSiebold, Jonkheer Philipp Franz Balthasar von に伊能忠敬の『実測日本図』の写しを贈った。それが発覚して、捕えられた。景保は未決拘留中、獄中で病死した。景保の屍体は判決が下るまで、保存されることになった。この時、誰かが、高橋は天文道のものだから、屍体は塩漬にしないで、砂糖漬にする方がよいといった。

そこで、役人は高橋の屍体を塩漬にするがよいというものと、砂糖漬にするがよいというものと二つにわかれて、果しもなく議論した。

天文道と天門冬

天文道の者は、なぜ砂糖漬にするのがよいのか。議論した役人たちにも、よくわからなかった。おそらく、これは巷の心なきものどもが「天文道」を「天門冬」にかけた冷い冗談であったのだろう。天門冬は、草杉かずらともいって、百合科の植物。その根を砂糖漬にして、菓子を作るという。

高橋景保の屍体塩漬となる

さて、このふしぎな論争の裁決は、ついに閣老まで持ち込まれた。その結果、景保の屍は塩漬にされた。一年もたって、景保の屍体は、「存命中ならば死刑」の判決を申し渡された。げに高橋作左衛門景保は、日本科学史上、悲劇の秀才であった。

これを世にシーボルト事件とか、または高橋一件というのである。この事件は文政十一年(一八二八)から十二年にかけての出来事であった。才助の死んだ文化四年

高橋至時父子が才助に蘭学を教えることはあり得ないこと

（一八〇七）から数えて、二十二年も後のことである。

年代から見て、才助がもし蘭学を学ぶ可能性があるとしたら、それは柳沢鶴吉が『土浦の地理学者』に書いたように、高橋父子のうち、父の東岡高橋至時（よしとき）でなければならない。そして、才助が大槻玄沢へ入門した寛政元年より前でなければならない。ところで、高橋至時が、その師麻田剛立（あさだごうりゅう）に代って、間重富（はざましげとみ）と共に大阪から江戸へ下り、幕府のために改暦のことにあたったのは寛政七年であった。この時、父に従って、江戸へ下った息子の景保は、まだ十一歳であった。高橋作左衛門父子が江戸に出た時、才助はすでに芝蘭堂（しらんどう）（大槻玄沢塾）の逸足として、後で見る洋学者相撲番附でいえば、そろそろ関脇の位置にのぼった頃である。そうすると柳（りゅう）旦（たん）氏の使った『山村氏言伝書』も、さほどあてにならない。

柳旦の『山村才助伝』（『近世土浦小史』『土浦の地理学者』）は、才助を語る土浦の人人にとって、今は最も有力な資料となっている。

それ故にこそ、才助の蘭学への出発に関する限り、高橋作左衛門を、才助蘭学の最初の師匠とする柳旦の、また『山村氏言伝書』の説は誤りであることを、後の人人のために論証しておかなければならない。

五　才助芝蘭堂に入門

才助は、はじめ伯父寛斎の紹介で、杉田玄白に面会した。玄白について、オランダ語を学ぼうとしたからである。

才助芝蘭堂入門の時

杉田玄白は晩年、江戸における蘭学のことのおこりを回顧して、あの有名な『蘭学事始』（らんがくことはじめ）を書いた。その中に、こういっている。「土浦侯の藩士に、山村才助という一奇士があった。その叔父市川小左衛門を介して、わたくしに蘭学のことをたずねに来た。わたくしはそのころ、すでに年老いて、この仕事のいっさいを門人の大槻玄沢にまかせていた。そこで、才助も、これを玄沢に託した」と。

杉田玄白は、これが何時ごろのことか、はっきり書いてはいない。しかし、才助が、大槻玄沢に入門したのが、おおよそ、寛政元年と推定されるから、玄白の、この思い出も、だいたい同じころと見てよい。もし、これが寛政元年だったとすれば、その時、玄白は五十七歳である。そして、才助は二十歳である。

この『人物叢書』に、山村才助がとり上げられた理由はほかでもない。才助が抜群の蘭学者だったからだ。そうして見ると、才助の蘭学への出発は、彼の生涯に一線を劃する時だ。大槻玄沢は、あとで詳しく紹介する『訂正増訳采覧異言』の序文に、才助の入門の時を「寛政初年」と書いた。当時、大槻玄沢の蘭学塾を芝蘭堂といった。この芝蘭堂に入門を許された人人は、玄沢先生の前で勉学を誓い、おのおの筆を執って門人帳に署名した。今日、早稲田大学図書館に所蔵される『芝蘭堂門人帳』は、寛政元年（一七八九）夏六月初日にはじまり、文政九年（一八二六）十一月二十二日におわっている。ところが、この門人帳には、どこにも、山村才助の名

寛政元年の六月以前に才助蘭学をはじむ

が見えない。そこで、才助の蘭学への出発は、玄沢のいう通り、寛政初年、すなわち、寛政元年のうちでも、正月から六月までの間だったということになる。この年十二月に、土浦藩では藩主泰直が死んだ。その後に、泰直の弟英直が立ち、翌(あく)る寛政二年五月に襲封(しゅうほう)、但馬守に任じた。

六　〝扱いに困り候男〟才助の性格と生活

才助の履歴書は、その前半を、ここで区切ってよい。この辺で、しばらく方向をかえて、才助の人がらについて、その横顔をうかがっておこうか。

才助の素質と環境

人は誰でも生れながらの素質を持つ。それは、後から人の力を加えても、どうにもならないものである。医学の力も、教育学の力も、その及ぶところは、人が持って生れた素質の限界の中にあるのだといっては、学問に対して礼を失するであろうか。

才助は人力では左右されないゆたかな学問的素質を持って生れた。そして、当時としては、その素質を、その限界いっぱいに伸ばすことのできる社会的環境に育った。こういってしまえば、全く理想的な学者としての才助だけが現われて来るだけだ。学者が学問に秀(ひい)でることは理想にちがいない。しかし、学問に秀でた者が、人間として立派であるかどうかは、また別である。人間才助を語る資料を十分に持たないが、杉田玄白は、これを一奇士といった。ここで、玄白のいわゆる才助の奇士なる理由を明らかにしよう。

才助の妻内藤氏山村家を去る

寛政六年(一七九四)といえば、才助は二十五歳の時である。この時すでに、才助は内藤氏をめとって、女の子が生れていた。名を園(その)といった。才助のはじめての妻内藤氏は、どうしたことであろうか、寛政六年に、夫(おっと)才助と、その子園(その)を残したまま、山村家を去った。この同じ年、寛政六年十一月二十九日づけで才助の伯父

市河寛斎から才助の祖母にあてた手紙

市河寛斎から、その母山瀬カノにあてた手紙がある。

「山村方の義くわしく仰せ下され、さてさて、きのどくにござ候。仰せのごとく、なかなか、きうによき縁談もなく候わんとさっせられ候。才助こと、扱にこまり候男にござ候。おまきへも不沙汰のみいたし候まゝ、お序によろしくお頼申上候。」(雑誌『東洋文化』所載「市河米庵伝」(二))

これと前後して、寛斎が異母兄の山瀬一英からもらった手紙の中には、こうある。

「おまき方、女子なく、こまり候よし。私、逗留中の女子、よろしく相み候。さてさて、たびたび出かわり、とかく、才ス先生、むずかしくござ候や。さてさて、こまり候ことにござ候。さぞさぞ、おまきいそがしく、これあるべくと、気の毒に存じ候。」(右同)

才助は、その伯父寛斎から「扱いにこまり候男にござ候」といわれた。またもう一人の伯父山瀬一英からはとかく、「才ス先生、むずかしくござ候や」といわれた。

なぜ妻に逃げられたのか

妻に逃げられた才助。女中にも、入れかわり、立かわり逃げられる才助。母おまきをこまらせ、くろうの内侍といわせる才助。これらを併せて、考えて見ると、とにかく才助が常人ではなかったことはたしかだ。蘭学に熱中のあまり、一向に妻君を顧みなかったのか。或いは、もっと悪く、女中や妻にまで、気むずかしく、時には暴力でも用いたものか。家計のことなどは全く顧みるにいとまなく、学問に没頭して、家人を困らせたのか。その間の事情を詳しく教えてくれる資料を持たない。いずれにしても寛政六年ごろの才助の家庭生活の態度は、親戚一同の間に評判が頗る悪かったことはたしかだ。

学問上のことで、他人の欠点を厳重に指摘して、一言の誤りをも許さぬ才助の態度が、そのまま家庭生活にも示されたのかも知れない。学問をする上には、それが才助を偉大にしたであろう。しかし、家庭生活では、それが才助を不幸にしたかも知れない。

寛政七年になって、才助は、祖母の里にあたる富田氏の当主団右衛門の妹、照を入れて、後妻とした。『土浦藩家譜』によれば、照の父もやはり団右衛門とい い、百四十石どりの土浦藩士。明和四年(一七六七)十月以来、御馬廻をつとめ、安永六年(一七七七)五月には吟味役見習となった。天明二年(一七八二)九月二十九日に病死した。

才助後妻をめとる

おてるの父

照の兄、団右衛門は十五人扶持。寛政六年(一七九四)五月御中小姓格となっている。この翌年に照は才助に嫁した。その後、団右衛門は文化七年(一八一〇)八月に御馬廻となった。照の家は、おおよそ、才助の家と同格の藩士であった。

おてるの兄

照が才助の後妻になった時の事情について、才助の母まきの異母兄山瀬一英から、市河寛斎にあてた手紙がある。

才助再婚に関する伯父山瀬一英の手紙

「おまき方にても、才助こと、またまた、となりしらずに再縁とゝのい、娶も引とり候うて、にわかに、にぎやかに相なり候よし。旁(かたがた)めでたく、このたびのは娶子(よめこ)もよく、少(すこ)しは、おまき心やすめ。また心遣(づかい)もこれあるやに仰せ下され。ごもっとも、どうも世の中、さてさて、どう致し候ても、あんらくは、これなく候ことにござ候。」(『雑誌書苑』所載「市河寛斎先生」十二所収)

と。この手紙によると、才助の二度目の結婚はごくうちわで行われたらしい。

才助の子豊次郎生る

翌(あく)る寛政八年には、才助と照との間に男子が生れた。名を豊次郎といい、後この子の祖父の名を貰って司(つかさ)とした。

おてる原因不明の病気にかかる

ところで、今度は、才助の妻照が、豊次郎を生んでから、間もなく、原因不明の病気にかかり、始末におえなくなった。

その時のことを、才助の母おまきは、兄の市河寛斎に、こう報告した。

「お照こと、とかく気ぬけにて、はは(才助の祖母雲晴院、このころ病気中)も同然。少しも少しも、子供のふびんなどと申すところはなく、ただただ手前のねだりごとばかり申し居り。司(才助の父)

も才助もあきれはて、何ぞ、もしや、つき物にてもいたし候にてはなきやと申すほどにござ候。秋山殿も一昨日まいられ、少しも少しも申し分なく、腹も脈もよろしく、ただ日だちのみと申され候。いかなることにやと、さてさて、あきれ。当人はなおさら、豊坊ふびんにござ候。私も昼夜にて、なかなか、つづきかね。ただ今も、少ゝふせられ候うち、司（つかさ）かたびら、せんたくいたし居り候ところへ御人下され候故、ちと御人またせまいらせ候。おきのどく様。何も何もとり込。早ゝめでたくかしく。」（雑誌『書苑』所載「市河寛斎先生」十二所収）

「苦労の主」

と。おてるの病状は、今日のヒステリー症とでもいうようなものであろうか。才助の母、おまきは、老病で下（しも）の世話までせねばならない姑（しゅうと）と、ヒステリー症の嫁とに昼夜をわかたぬ看護を強（し）いられ、その上、夫のかたびら洗濯もせねばならず、更に孫の豊坊をも看（み）なければという、大変な苦労のようす。これは、まさに「苦労の主（ぬし）」である。

才助ほどの人が、ほとほと困りはてたお照（てる）のヒステリー症の原因はどこにあったのか。これが、才助の人がらにあったか、どうか知る由もないが、このころの才助には、その心配が無くもない。

人間として、家庭生活から見たこのころの才助は、ひいき目に見ても、あまりいい点はつけられない。外に出ても、先輩・同僚・後輩などの間において、円満な社交のできる人ではなかったようだ。

ある時、同藩の門閥家でものずきな豊田藤馬というものが、差した刀の鞘（さや）に、横文字で、名前を書いてほしいと、才助に頼んだ。ただちに筆を執った才助は、その刀の鞘に「Toyoda Tōma Ōbakayarō」（豊田藤馬　大馬鹿野郎）と書いて、すました顔で、これを豊田に与えた。横文字を知らない豊田は、これを蒔絵（まきえ）にして、得意とした。後に豊田は横文字の読める人に、これを見せた。ところが、これは「豊田藤馬　大馬鹿野郎」とあるのだと聞かされ、ご当人大いに汗をかき、大い

豊田藤馬大
馬鹿野郎

に怒ったが、いかんとも仕方がなかったという話が土浦に伝わっていた。この口碑は、明治十七年から十九年にかけて、茨城県立第二中学校の教師として、土浦にいた大矢透博士が、大槻文彦博士に伝えたものだそうである。

豊田藤馬という人

こころみに『土浦藩家譜』を見ると、この豊田藤馬は三百五十石どりの藩士。天明六年三月二十八日にお目見。文化元年六月二十一日に、父隠居により、家督をつぎ、三百五十石どりの当主。文政四年三月二十六日にはご用御執次。同六年十二月三日に、御年寄役。天保九年三月三日病死に至るまで、勤続四十九年となっている。

藤馬と才助

才助が父隠居のあとをうけて、家督をついだのが、寛政十二年(一八〇〇)であった。豊田藤馬は、それから四年目の文化元年(一八〇四)に家督をついだ。才助が死んだ文化四年に江戸の須原屋で出版した『新板改正文化武鑑』には、豊田藤馬は土浦藩の用人と出ている。

おおよそ、藤馬と才助は同年輩であったろうか。同藩の武士として、百五十石の才助と三百五十石の藤馬とでは、その身分に少々ひらきがあった。しかし、その性諧謔(かいぎゃく)、よく人の頤(おとがい)を解き、或いは超逸して人の怒りを招くといわれた才助のことである。土浦に伝わった豊田藤馬にまつわる口碑も、頭からうたがうわけにもいくまい。

舟の中へ馬糞を投げ込んだ話

また、ある時、さる身分ある人が船にのって遊んでいた。才助は、その船の中へ、馬糞を投げ込んで、舟人を驚かせたという話もある。

橋本宗吉への憎悪

芝蘭堂同門の橋本宗吉が作った『喝蘭新訳地球全図(オランダしんやくちきゅうぜんず)』に対して、才助が下した批判文を見ると、その終りのところに、「この地図、以上に弁ずる如くに夥(おびただ)しく臆説杜撰(おくせつずさん)をなす。これを以て、世に刊行し、自ら欺(あざむ)き、また人を欺く。そもそも、これ、名をかしがんがためなるか。恥を求めんがためなるか。果して、これ何のためぞや。」とある。この批判文には厳正な批判を超えた憎悪(ぞうお)の言葉が感ぜられまいか。

宗吉と才助

橋本宗吉は大阪から出て、寛政初年、山村才助と前後して、芝蘭堂に入門した。年齢では、才助より宗吉の方が七つぐらい上だが、たしかに二人は芝蘭堂の学友でありライバルでもあったに相違ない。親しかるべき学友の仕事に対して「恥を知らずや」と痛罵（つうば）する才助であった。

玄沢の才助評

大槻玄沢は、蘭学修業中の才助を評して、「天下ただ、余茂質（よしげかた）（玄沢）あることを知って、他を顧みるの意なし。」といった。おそらく、才助の頭には、信ずることのできる人と、信ずることのできない人と、非常にはっきりした一線が引かれていたのではなかろうか。

才助の玄沢評

才助は、その師大槻玄沢について、「和蘭の学は近来、諸老師、心を竭（つく）して、千古未発の大業を闢（ひら）きたるものにして、わが磐水先生は、今（いま）諸老師の中において、粋（すい）のまた粋（すい）なるものにして、蘭学諸家の仰望（ぎょうぼう）するところ」（『読喝蘭新訳地球全図』）といった。

才助にとって、玄沢は、その信ずるものの最大の人であった。

司馬江漢の地球図

才助と同時代にいて、西洋地理学に多くの注意をはらった人に司馬江漢（しばこうかん）がある。江漢の『地球全図』（寛政四年刊）は、その原図が、もと大槻玄沢所蔵のものだった。

フランス語で書かれたこの原図はアムステルダムで刊行された立派な地球図だった。玄沢は、これを、天明七年に江戸へ来た和蘭陀外科医斯突都児（ストッツル）J. A. Stutzerから貰った。この原図は才助も『訂正増訳采覧異言』を著わす時に参考した。

仙台の宮城県立図書館に、玄沢の「家蔵西刻地球全図記」という題言（『磐水存響』所収寛政元年十月記）をつけた地球図がある。それがすなわち、江漢の地球図の原図である。筆者の別著『地理学史の研究』の口絵に入れた写真が、それである。

江漢は玄沢から、この地球図の原図を強引（ごういん）に借用した。そして、できた江漢の『地球全図』（寛政四年刊）は日本で刊行された最初の銅版双円地球図であって、日本の世界地図史上特筆に値いするものである。

才助、江漢を無視

前後の関係からいって、才助が『訂正増訳采覧異言』を書く時に、江漢の業績が、当然参考されてもよさそうなものである。ところが、才助のすべての著述の中に、江漢は完全に無視された。

江漢、玄沢の『蔫録』を批判

江漢は同じ蘭学に興味を持つ人人の中でも最も町人意識の強い人だ。玄沢の『蔫録』が漢文で書かれたのを見て、江漢は、こういった。

「大槻玄沢という人は、仙台侯の外科にて、蘭学に名あり。頃日（ちかごろ）タバコの起原の書を引きて、みな漢文なり。タバコは多くは、愚人卑賤の好むものにて、故にこの書は世の嘲弄ものとなりぬ。」（『春波楼筆記』）

才助『蔫録』刊行に努力

と。江漢のこの批判は、これを、もし聞いたとすれば、玄沢より、才助の方が癇に障ったはずである。というのは、実は、この『蔫録』の公刊に努力したのは才助であったから。才助は、たまたま玄沢の訳稿の中から、この書を探し出し、これを読んで見た。ところが、この原稿は、タバコについて、その本原、その支派など、古今にあまねく調査されたものであった。そこで、才助は、これを長く本箱の中に蔵するに忍び得ずとして、これが校訂のことを師玄沢に請うた。それから、才助は専ら玄沢の草稿の繕写と校正に任じた。その結果、才助は、この本を世に出すことは、世を裨益（ひえき）するもの、また師恩に報ゆるものと自ら信じた。『蕎録』にのせた才助の跋文（ばつぶん）には、才助得意の心情が、ありありとうかがえる。

武士と町人のものの観方

だが、この才助の仕事は、江漢の嘲弄するところとなった。もちろん、この嘲弄は江漢の随筆『春波楼筆記（しゅんぱろうひっき）』に雑記されたもので、当時、公刊して世に示されたものではなかった。それ故、才助が、これを見たかどうかは、わからない。しかし、江漢に、このような言葉があるのは、やはり、この世を幸福と観ずる仙台藩医大槻玄沢と、寛政から文化の頃の封建社会を冷い眼で、ニガニガしく見ている町人江漢との、ものの観方（みかた）の相違点である。

頭の在り方から、おおよそ玄沢先生と同列にあった才助が、江漢を意識的に無視しようとしたのは、むしろ当然であった。

同じ蘭学畑の人でも、江漢や宗吉は、才助の頭に描かれた不信の座に属する人人と見るべきであろう。

後世の人人から見て、鎖国日本の蘭学史上に司馬江漢や橋本宗吉は、山村才助と、その座席を並べて何の不足もない人人である。

玄沢門下の四天王

大槻如電の書いた『大槻磐水』（明治三十五年博文館刊）を見ると、

> 「玄沢の門人帳に名をつらねるもの、およそ百余人。その中にあって、世に大利益を与え、学を天下後世に伝えたものは稲村三伯・山村才助・橋本宗吉・宇田川玄真の四人とす。われ常に目して、これを磐水の四天王と称す。」（一二八頁）

とある。つまり、才助と宗吉の関係は、親しかるべきはずの玄沢門下四天王の一人が、四天王の一人を、やっつけたものといえる。

才助としても、この同時代の学友から得るところがなかったわけではなかろう。

才助が、これらの人をきらったのは学問上の意見の相違からだけではないかも知れない。才助は、やはり正統の武士であった。彼の西洋に関する新知識がどんなに進んでも、西洋の民主的な社会のあり方を学んでも、才助は、やはり百五十石どりの土浦藩士であった。武士に特権を認める世の中を、才助は、別にいやだとは思わなかった。要するに、才助には武士という社会的基盤から来る意識があったのだ。

武士としての才助

上級武士への抵抗

豊田藤馬の刀の鞘に大馬鹿野郎と書いてやった話や、身分のある人に馬糞を投げつけた話でもわかるように、新知識の持主としての才助は、上級武士に対する何かの抵抗を感じた。だが才助の多くの著述のどこを見ても、上下に厳重に組み立てられた封建体制の批判らしい言葉は出て来ない。才助は上級武士の生活や態度に、何かの抵抗は感じても、「喰うてひる、つるんで迷う世界虫、上天子(かみ)より下庶人(しもこじき)まで」(『天地理談』)といった司馬江漢のような人間平等観には、とても達し得られなかった。社会生活の中にある人間は、新しい知識が、その頭へいくら入っても、その人の生活の基盤が変らないうちは、その人生観も、なかなか変らないものだ。才助についても、彼は頭だけ新しくて、その生活は旧かったのだといえまいか。

要するに武士だった才助には、上級武士に対する抵抗とは質の異なった抵抗のごとき気持が、江漢や宗吉のような町人によって呼び起されたのだ。そして、町人でありながら、学問の世界では、武士と対等にふるまう江漢や宗吉が、才助の癇にさわった。

かくして、才助の鋭い個性に、その社会的環境が加わって、才助の頭の中に、周囲の人人を容れるために、好きな部と嫌いな部と、はっきりした区切りをこしらえたものであろう。

唯一の才助伝記を『日本医史学雑誌』に書いた岩崎克己氏も、人間才助を評して、「放胆にして、世事に疎(うと)く、時に諧謔、もって凡俗を罵倒することもあり、殆んど狷介(けんかい)に近い性格の持主」か、といわれた。

才助の性格と学力が才助を孤独にした

才助の蘭学が深くなるにつれ、その学力の強さが、漸く彼を孤独に導いた。従って、大槻玄沢をはじめ、才助をよく理解した幾人かの僚友を除けば、江戸の蘭学界で、才助はおおよそ、敬して遠ざけられたのではあるまいか。そこでは、きっと、士分とか町人とかの区別ではなく、才助の学力の強さに反感を持つ人もいたろう。またそれに恐れをいだいた人もあったろう。

玄白は才助にゼオガラヒーを見せなかった

才助のライフワークたる『訂正増訳采覧異言』が完成したのは享和三年だった。その時、才助が、何とかして見たいと思ったが、ついに見ることのできなかった稀(き)覯(こう)の蘭書があった。それについては、後で詳しく書くが、それは、ヨハン＝ヒュブネル Johan Hübner の世界地理書で、当時『ゼオガラヒー』と呼ばれた六冊本であった。ところで、この六冊本『ゼオガラヒー』は、寛政の初年ごろ、すでに杉田玄白の所蔵するところであった。そして、それを大槻玄沢と桂川国瑞（かつらがわくによし）が見せてもらった。国瑞は六冊本『ゼオガラヒー』によって『地球全図』一幅を新製し、また別に世界各地の地誌三冊をも作った。玄沢の『磐水漫草』にのせられた「地球全図に題す」（『磐水存響』坤三八頁 寛政六年春の日記）という文は、その時の事情を書いたものである。

才助を玄沢に紹介したのは玄白であった。また大槻玄沢は才助の最も尊敬する師であった。さて、そこで才助と関係浅からぬ杉田玄白・大槻玄沢の間に、はやくから存在する六冊本『ゼオガラヒー』が、なぜ才助の目に入らなかったのか。玄白は、なぜそれを世界地理研究に熱中する才助に見せなかったのか。磐水はなぜ、愛弟子（まなでし）才助のために、玄白に『ゼオガラヒー』借覧のことを頼んでやらなかったのか。とにかく、玄白は所蔵の六冊本『ゼオガラヒー』を、ついに生涯才助に見せることをしなかった。それは、いったい、なぜであったろうか。

玄白は若輩才助の学力におそれをいだいたからだ、などという理由は成立たないであろうか。学問が表に強く光って、とかく人間が、裏にひそみがちな才助を、玄白がいやがったというようなことは理由になるまいか。

杉田玄白の才助評

玄白は、才助が死んでから、八年もたって書いた『蘭学事始』には、才助を評して、天性その才備わった人といい、若くして死んだのは「惜むべし」と書いた。しかし、才助存命の時には、この男を、あまり好かなかったのではなかろうか。つまり、才助の恐るべき学力と、殆んど狷介に近いまでの性格が、玄白先生から、才助に、この六冊本『ゼオガラヒー』の披見を、さえぎったのだといえまいか。菊池寛の小説『蘭学事始』ではないが、偉いといわれる江戸蘭学界の人人も、やはり、人間以外のものではなかった。とかく、人間の感情は、今も昔も微妙なものではある。

岡村千曳氏の労作『紅毛文化史話』の口絵を見ると、寛政八年にできた蘭学者

蘭学者芝居番附の中の才助

芝居番附と寛政十年十一月二十六日にできた蘭学者相撲番附と、更に、これらと同じころに印刷された芝居見立番附が出ている。そして、その本の一番はじめに、これら寛政時代の洋学者番附について、興味深い研究がある。それによると、わが才助は、蘭学相撲では、西の関脇で東の稲村三伯に対する。

蘭学芝居では、芸名が山村才次となっている。もう一つの芝居紋番附では、座元名の下の、いわゆる「ゲタバコ」の欄に記され、才助の位置は別格扱いになっている。

芝居番附で、才助にわりあてられた配役を見ると「近来繁栄蘭学曽我」で、「曽我の団三郎」、「名流桂川水」では「宿老すぷらへや与九郎兵衛」、「浮事吾妻風」では「男げいしやづぶ六」となっている。

これは、寛政年間における蘭学者才助の位置を示すものであると同時に、才助の性格をも示すものである。「すぷらへや与九郎兵衛」とか「男げいしやづぶ六」

などいう役は、どういう芝居をするのか知らないが、いずれ性格俳優山村才次こと奇人才助の性格に配された適役であったに相違ない。

第二　蘭学者才助の生涯

一　才助、ひたすら蘭学に精進

才助が蘭学に志した動機

寛政元年に、才助が芝蘭(しらん)堂に入門したことは、すでに述べた。才助が蘭学に志した動機について大槻玄沢はこういっている。

山村子明は「つとに群籍(ぐんせき)に耽(ふけ)り、純(もっぱ)ら大地渾輿(こんよ)の学に志す。あらかじめ、西洋の書を読むに非(あら)ざれば、その精確を得ざることを知る。すなわち、贄(し)（入門の礼物）を載せて、来って、余(よ)に従って学ぶ。」（『訂正増訳采覧異言』序・原漢文）と。

才助は、また自らこの間の事情について、こう述べている。「昌永、幼より輿地(よち)紀載(きさい)の書を好む。かつて異言（新井白石の『采覧異言』）を読んで、その所説の宏博にして、聞(ぶん)を新(あらた)

にすること多きを感ず。ただし、その紀事、いまだ備わらざることを惜む。かつ、この書、開彫刊本なく、しばしば伝写を経て、魚魯亥豕の誤（文字の写しちがい）、また多し。つねに、これを校正増補するの心あり。故に数本を得て、これを校定し、その文義においては、やや、その訛字を訂正すといえども、西語においては、彼此紛紛として、そのいずれが是なることを知らず。爾後、西学に志を興す。かつて磐水先生、和蘭の学に耽るときき、倒屣して（いそいで）、その門に入り、先生に従事して、その学を習い、年を積みて、やや、彼邦の書の門墻を窺うことを得たり。」（右同書凡例）と。

才助は世界地理研究を目的とした

玄沢のいうところと才助のいうところと全く一致する。そうして見ると、才助を蘭学へ導くものは新井白石の『采覧異言』であった。後で見るように、この『采覧異言』は、やがて『訂正増訳采覧異言』となって、蘭学者才助の生涯をかざった。

才助の蘭学へ志した動機が、すでに世界地理研究にあった。彼の生涯が、世界地理研究におわったのも、むしろ当然のことといえる。当時、江戸の蘭学者たちは、その殆んどが医者であった。その中にあって、一人才助は世界地理学の専門家として、格別の座を占めた。才助が芝蘭堂に入門した時、彼はすでに漢学にも世界地理学にも詳しかった。その土台の上に立った青年才助がこれから蘭学研究に命をかけるのである。

大槻玄沢が才助の『訂正増訳采覧異言』のために書いた序文は、江戸における蘭学の由来を語り、そして、その蘭学史の中における才助のかがやかしい位置を明らかにしたものである。煩をいとわず、その全文をここに摘出しておきたい。

玄沢が『訂正増訳采覧異言』に寄せた序文

「それ蘭学の難は、ただよく事を好むものの、坐にはすなわち、その蟹行の字を習い、臥にはすなわち、その鴃舌の語を諳んじ、異字を誇設し、殊言を眩売し、庸俗の耳を驚かし、達士の舌を鉗するの難にあらず。また絶域の異書、梯航遼遠、或いは風伯御を失って、千百一を伝う。その得やすからざるを、諸〻の象胥に託して、これを購い、

玄沢蘭学の歴史を語る

幸いにこれを獲て、もって、悦びとするの難にあらず。およそ蘭学の難は、その伝うるところの天文・地理・医方・技術の書、その事情に熟し、その章句を解し、よく助語、応照の理を通暁して、備さに、これが訳文をなし、彼の長ずるところを採って、わが短とするところを補い、もって千古未発の微を闢き、もって済世・益時の業を成すにあるのみ。これ世の学ぶもの、一ー二その端倪を窺うものありといえども、これを玩ぶこと精ならず、これを味うこと力めず、まま厭倦困苦、中道にして画るに至る。或いは誹議して、夷蛮の書、取材に足らずとなす。或いは廃置して、迂遠の説、深く信ずべからずとなす。いまだかつて、全く、その業を終る者あらざるなり。

けだし、この学(蘭学)や、白石先生に萠芽し、昆陽先生(青木)に権輿(おこ)す。余、幸いに文明の代に生れて、親しく蘭化(前野)・鷧斎(杉田玄白)二先生の下風を承く。蘭化は則ち、昆陽の統を継ぎ、鷧斎は則ち蘭化の伝を受く。余や不佞(不才)、積歳これに親炙し、また竊かにその要領を知るを得たり。近ごろ、わが社に遊んで、血をこの道にすする者、大抵数十人、わが胾(切り肉)を食う者、宇玄随(宇田川)・嗣子玄真(宇田川)および村文碩(村進)の徒、わずかに両三輩。而して、三子は則ち志、包挙(悉く取る)に在り。

彼に諏し（相談し）、此れに諮り、勉励措かず、おのおの一家をなし、出藍の効、卓然として、称すべし。

玄沢山村子明の精励を語る

山村子明がごとき、夙に群籍に耽り、純ら大地・渾輿の学に志す。予じめ西洋の書を読むに非ざれば、その精確を得ざることを知り、乃ち、贄を載せて、来って、余に従って学ぶ。まことに寛政初年なり。余その志を奇として、乃ち、まず彼の国文・書法・言辞・配音を授け、次にその天地・人倫・器械・草木の類語数千百言を伝う。

玄沢『増訂采覧異言』を絶讃す

子明、欣然これを受け、熟読・暗誦・鑽研倦まず。疾風雷雨、咫尺愁べしといえども、勇進・敢往、幾ど虚月無し。天下ただ余茂質あることを知りて、他を顧みるの意無し。講業討論、十数年一日なり。ついに彼の説を解き、これが訳を成し、頗る著述に富み、その学を大成するに至る。最も力を西洋輿地の諸書につくす。頃、増訂采覧異言の撰あり。全部十二巻。余に示して、これが斧正を請う。取って、これを読むに、その説、精詳・明備、増続・重訂の功、白石先生いまだよく、これを尽す能わざるところを尽す。地海坤輿方域の至大、四方万国地形の広袤、国俗の情態、政治の得失、人類の強弱、物産の恠異摸蘇、牽連周悉その極に至る。人をして、戸牖を出ずして、

新井白石の魂も地下で喜ぶであろう

太虚の観を為し、膝を奥窔に擁して、遊仙の懐を生ぜしむ。その星暦・医算・輿地・技巧の精妙奇絶のごとき、いたずらに聞見を弘むるのみにあらず、また少しく聖化の万一に裨するあらん。ああ昔時、白石先生、はじめ、この基をなす。今に至って、百載になんなんとす。いまだその遺緒を纂ぎ、その芳績を拡むる者あらず。余不佞といえども、業の先んずるところあるをもって、いまだ敢えて、にわかに筆を下さず。はからざりき。わが社中にして、かくのごときの人を得、而して、かくのごときの盛挙を見んとは。こころみに、この書を捧じて、もって先生に地下に告げなば、神、あに、その継志纂緒の功を歆饗せざらんや。またこころみに、この書を持して、中道にして画り、誹議廃置する者に示さば、矍然として興起し、面を革ためて、痛悔し、自ら既往を咎めて、再び余燼を吹かざる者なからん。ああ蘭学の美、その難より出でて、難をして、反って易からしむ。真に千載の盛挙なるかな。余をして、易東(日の出る方角)の嘆を発せしむること、それ、この人にあるか。それ、この人にあるか。」(享和壬戌の冬。磐水　平茂質撰す)(原本は漢文、読みがなとカッコの中は筆者)

大槻玄沢をして、日の出る所をかえるのではあるまいかとまで、感嘆せしめた才助の蘭学は、秀才山村昌永(才助)といえども、一日にして成ったのではない。才助の不屈の努力勉励の賜であった。疾風雷雨、一尺進むのも困難な自然条件も、祖母と妻と共に病床にあって、その母をして「私も昼夜にて、なかなか、つづきかね」ると歎かせる気の毒な社会条件も、敢然、蘭学に立向った才助の研学を挫折させることはできなかった。

玄沢の言葉は信じてよい

天下に、ただ大槻玄沢先生あることを知って、全く他を顧みるいとまもなく、蘭学への道を、勇進・敢往して、十数年一日のごとくであった。大槻玄沢という人は、その子玄幹の書いた略伝『先考行実』(文政十年の著)に、「君、性質直・縝密、悪を疾むこと殊に甚し。故に交を択ぶこと甚だ厳にして、叨に人を容れず。故に人或いはその小量を責る者ありと雖も、その交ること久きに至っては、小人・女子に至るまでその篤実温厚に服せざる者なし。常に人の己に佞するを悪み、平居妄に言笑せず。」とあるごとく、きわめて厳格・誠実な学究だった。それ故、ことさらに言辞を誇張してかざる人ではない。玄沢の才助に与えたこの讃辞を、おおよそまともに受けとってよくはなかろうか。

才助、玄沢から近代科学の方法を学ぶ

玄沢は、その師杉田玄白よりも、前野良沢よりも、オランダ語を組織的に研究して『蘭学階梯』という文法書を出版したほどであった。玄沢はいろいろの蘭書を読んでいるうちに、その中から西洋科学における実証的な組織的な方法を学びとった。そして、それを家学に応用しようと努めた。この態度は、すでに天明六年公刊の『六物新誌』に、その一端を現わした。

才助は、また学問研究について玄沢から、西洋式の科学的方法を、自ら授けられた。オランダ語学習のかたわら、しきりに玄沢の筆録した草稿などを読ませて貰ったり、それらを謄写させてもらったりした。たばこに関する資料もそれであったし、本草関係の草稿を集めた『蘭畹摘芳』もそれである。この『蘭畹摘芳』

は、才助が玄沢から請いうけて、同門の蓮沼清絹(はすぬまきよまさ)に筆録させ、自ら校訂し、編集した。そして、まず初編六巻を芝蘭堂の社中の閲覧に供えた。巻頭に才助が寛政四年春に書いた引語(いんご)がある。才助が死んで十年もたってから、文化十四年(一八一七)に出版された『蘭畹摘芳』は、才助が芝蘭堂に入門早々編集したものの一部である。

二　才助、蘭学界にただ一人世界地理と西洋史を専攻

江戸蘭学は医学が中心だった

山村才助が生涯をかけたのは蘭学であった。蘭学といっても、オランダ語の学習からはじまり、オランダ語で書かれた書物いっさいにわたって、その範囲は、なかなかひろい。江戸の蘭学は、前野良沢や杉田玄白や桂川甫周をはじめ、多くは医者たちの間に成長した。そのため、江戸の蘭学は、やはり有名な『解体新書』にはじまり、解剖学や医学に、その中心があった。もちろん、医学書のほかに天

文・地理に関するもの、動物・植物に関するもの、物理・化学に関するものなど、当時の蘭学者の手にかかったものが無いではない。しかしそれらも、たいていは医を本業とする蘭学者によって、いわば、本業の周辺研究として、講読されたり、邦訳されたものであった。

才助ただ一人専ら世界地理を研究す

ところで、すでに、いろいろの資料が物語るごとく、わが山村才助は医者ではない。そして、世界地理学者だった。江戸時代をひろく見わたして、専門の世界地理学者と称することができるのは、この山村才助ただ一人ではなかろうか。才助に並べる専門世界地理学者を、この時代に強いてあげよとなれば、幕末から明治のはじめにかけて、紙価を高からしめた『坤輿図識』の著者箕作省吾が出て来る。しかし、箕作省吾は才助よりも、またはるかに若くて死んだ。その業績として残されたのは『坤輿図識』正続七巻と、『坤輿全図』一幅だけである。省吾は、やはり才助の業績には、はるかに及ばない。かくして、何んといっても、山村才

才助はまたわが国西洋史学の先駆者でもある

助は、江戸時代ただ一人の近代的世界地理学の専門家であった。

地理学は人間生活の場所的構造を調べるところに、その仕事の重点を持つ。人間生活はいうまでもなく、歴史的に発展して、今日この状態にあるもの。人間生活の辿って来た史的展開を無視して、現実の人間生活を理解することはむずかしい。地理は過去から未来へとつづく人間生活史の現実的一とこまなのである。

才助の世界地理研究も、当然に世界各地の歴史研究にその熱心な歩が進められた。そこでは、世界地理学者山村才助は、世界史学者山村才助となる。ことに西洋諸国の歴史調査は才助の業績の大きな分量をなす。後で見るように、わが国最初の西洋史概説書として注目される佐藤信淵の『西洋列国史略』は、才助の『西洋雑記』から生れ出たものである。そうすると、才助は、わが国における西洋史学の先駆としての栄誉をもになうことになる。

第三　才助の著作生活

一　著作目録

才助の初期の著作

才助が、その大著『訂正増訳采覧異言』を完成したのは、享和二年（一八〇二）のことであった。その時、大槻玄沢は、才助について「彼の説を解し、これが訳を成し、頗る著述に富み、大いにその学を成すに至る」といった。しかしいま知ることのできる才助の著述で、はっきり享和二年以前のものとわかるのは『外紀西語考』（寛政八年）と『読喎蘭新訳地球全図』（享和元年）と『西洋雑記』（享和元年）の三つだけである。

才助の著述目録

上野図書館にもと渡辺崋山の持っていた『西洋雑記』の写本がある。その巻の六の終りに「夢遊秘書」と題して、次のような才助の著述目録がある。

訂正増訳采覧異言　十二巻
西洋雑記　前編六巻
翻訳海国度数記　一巻
同末編　三巻
翻訳大西要録　一巻
重訂人物図説　一巻
東西洋紀行志略伯西児 支那 印度諸国　八巻
西洋銭譜略解　三巻
西洋銭貨略考　二巻
満剌加字学略考　一巻
明儒翻訳万国図説考証　三巻
蘭学輯聞　五巻
西洋徽号解
西洋雑記二編

所在不明の才助の著作

奉教翻訳魯西亜国志

この才助著述目録のうち『翻訳海国度数記』『同末編』『西洋銭譜略解』『西洋銭貨略考』『満剌加(マラッカ)字学略考』『明儒翻訳万国図説考証』『蘭学輯聞』『西洋徽号解』の八点は、いまは、その所在を知らない。

これについて『訂正増訳采覧異言』の引用書目の中に、それらしきものを探がして見よう。『翻訳海国度数記』に似ているのは『海国経緯度数譜』である。これは「和蘭、ゲラルト・ヒュルスト・ハン・ケウレン撰」とある。才助はたぶんこの人 (Ger. Hulst van Keulen) がアムステルダムで出した "De nieuwe groote tichtende Zee-fakkel" を翻訳し、『末編』と合わせて四巻となし、後の著述の参考に備えたものだろう。大槻玄沢も高橋景保も、この書を使った。

『満剌加字学略考』は同名の書で、オランダ人ゼオルグ・ヘンリッキ・ウェルンデレイの撰した『満剌加字学書』というものが出ている。これはウェルンデレイ Werndly, G. H. のマレイ語の文法書（Maleische Spraakkunst）の一部、または概略を邦訳したものであろう。

残った五点は『訂正増訳采覧異言』の引用書目の中にぴったり合うような書名が見当らない。

『西洋徴号解』は、玄沢にすすめられて、文化四年（一八〇七）ごろ著わしたものだろうか。というのは才助も手伝った大槻玄沢の『北辺探事（ほくへんたんじ）』の中に、「和蘭図象する所、万国船の旗印あり。この頃はたえて知らざることなるべし。我方にありては不用に似たれども、四方に海を受けたる国なれば、常に万邦の旗印は知りてありたきことなり」と、玄沢が、その必要を説いているから。

才助の著作目録に載せてない才助の著述

『夢遊秘書』と題する才助の著述目録には見えなくて、今日に伝わった才助の著述がある。それは『外紀西語考』『地学初問坤輿約説』『読喝蘭（オランダ）新訳地球全図』『華夷一覧図説』『印度志』『亜細亜諸島志』『百児西亜（ペルシア）志』の六点である。

遺憾ながら、才助の著述は、その全部について、成立の時を明らかにしがたい。いまは見ることのできない才助の著述八点の中には、寛政年間にできたものがあるのかも知れない。

西洋銭貨の著述

『東西紀游』巻の二を見ると、ブラジルの人物風俗を述べた所に、土人たちに課された税金のことを述べたものがある。そこで、貨幣の単位を「ストック＝ハン＝アクテン」といい、才助は、これに按文(あんもん)をつけた。

「按ずるに、ストック＝ハン＝アクテンはポルトガル国通行の銭にして、一を以て、レアールといえる銀銭十五にあつ。一レアールはオランダのストイヘルといえる小銀銭四枚半にあたるという。しかれば、一レアールは本朝の銀九分にして、一ストック＝ハン＝アクテンは、本朝の銀十三匁五分にあたるなり。」

とある。このような、説明を系統づけたのが、才助の西洋銭貨の著述であったろうか。

西洋銭貨の研究などは、伯父市河寛斎の趣味とも合するもの。或いは才助述作年譜には、最も初期に記入されるべきものではなかろうか。

『夢遊秘書』の中の『明儒翻訳万国図説考証』を発見することができないのは、才助の世界地理学研究のことを解明しようとする者にとって頗る残念である。

『明儒翻訳万国図説』とは何か

『紅毛雑話』という、おもしろい本がある。この本は天明七年に公刊された。著者は桂川国瑞の弟森島中良。大槻玄沢と桂川国瑞の序文に前野達と宇晉こと宇田川玄随の跋文がついている。そして、この本の続編とでもいうべきものに、『万国新話』五冊がある。この本は寛政十二年に大阪で出版された。国瑞と宇田川玄随と前野良庵の序文がある。著者はまさしく森島中良だが、実は才助との関係浅からぬ江戸の蘭学者たちの間から生れ出た本だといってもよい。

この二つの本の中に、しばしば引用された資料に、「明儒の訳せる万国の図説」(『紅毛雑話』)或いは「明儒訳する所の万国図説」(『万国新話』)とよばれるものがある。これらの本に引用された文章を拾ってよく調べて見ると、これは明末（ミンまつ）中国にいたイタリアの耶蘇会士艾儒略（がいじゅりゃく）の著わした『職方外紀』と同じである。

明儒訳する所の万国図説とは『職方外紀』のことか

才助は『訂正増訳采覧異言』の引用書目、漢土の部の第二番目に、『艾氏万国図説』というものをあげた。江戸の蘭学者たちの間で、当時この『職方外紀』のことを「明儒訳する所の万国図説」といったにちがいない。そうすると、才助の著『明儒翻訳万国図説考証』三巻は、おそらく、やはり『職方外紀』の考証をしたものであろう。もし、この推論がよいとなれば、いま見ることのできる『外紀西語考』は『明儒翻訳万国図説』の一部と見てもよい。

『万国字類』

また、かつて、岩崎克己氏が「山村才助の著訳とその西洋知識の源泉について」（雑誌『歴史地理』七七巻四号）書かれた時に注意されたように、才助には『万国字類』という著述もあったに相違ない。

才助の『百児西亜志（ベルシア）』の中の註記に、「按ずるに亜剌比亜（アラビア）文字は、その数およそ二十八あるも、右より起りて、左行する。詳(つまびらか)に万国字類の内に記せり。」とあったそうである。才助は『西洋雑記』の序文に「その読書・文義・語路にかかるものは一編となし、もって、彼(か)の邦(くに)の書を読む時の考証に備(そな)う」といった。また、同じ本の巻四の「西洋言語の説」を書いたところに、こんなことをいった。

「諳厄利亜(アンゲリア)国(イギリスのこと)、その歴世の沿革によりて、その語音も、またしばしば変せしこと、西書に詳かなり。これらのこと、やゝ少し考うるところありて、私録するものありといえども、なお稿を脱することを得ず。他日、これを詳(つまびらか)にすべし。」

「すべて、文字と言語とに、かかるのことは、みな別記に録す。」

才助には、西洋の文字や言語に関する文法書のごとき著述があったに相違ない。いま、かりに、それを『万国字類』としておこうか。

上野図書館にある、もと渡辺崋山の持っていた『西洋雑記』は残念なことに第一巻から第三巻までを欠く。その第四巻のはじめに「夢遊漫筆第二十四」とあり、第六巻には、「夢遊漫筆第二十六」とある。そうすると、この『西洋雑記』は『夢遊漫筆』の一部で、その第二十から第二十六までを占めたものだと見える。『夢遊漫筆』が全部で何冊あったものか、いまは知る由もない。こう見て来ると、才助には、すでに享和二年（一八〇二）以前に、いくつもの著述ができていたことについて、やはり、玄沢の言葉を信じたい。

いまに伝わった才助の著述は、才助の全業績から見れば、何分の一にすぎまい。しかし、いまに残った才助の著述を、たんねんに調べて見ると、才助の学問体系がおおよそわかる。残された才助の著述を、それらの成立の順に調べて、才助の学問生活の迹（あと）をたどることにしよう（なお、上野図書館の主要蔵書は、本書の初版刊行後の昭和三十六年に、国立国会図書館に移転している）。

二　艾儒略の『職方外紀』の地名を考証して『外紀西語考』を作る

『外紀西語考』著作のころの才助

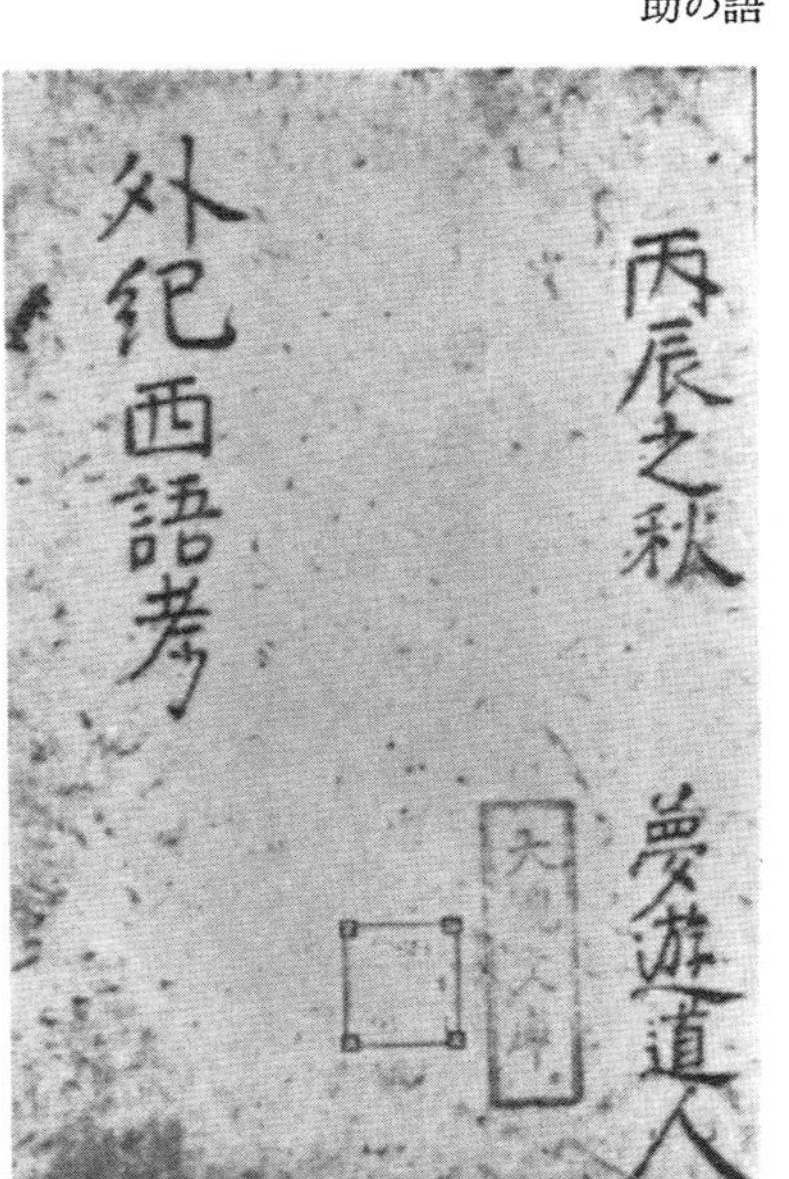

山村才助自筆の『外紀西語考』表紙

東京の静嘉堂文庫に才助自筆の『外紀西語考』一冊がある。表紙に「丙辰之秋」とあり、また「夢遊道人」とある。丙辰は寛政八年（一七九六）に当る。執筆の時を明らかにした才助の著述の中で、これは一番はやい記年を持ったものである。

この年、才助は二十七歳。土浦藩士としては、寛政二年（一七九〇）正月十五日から、ひきつづき御馬廻役にあった。山村家の人として見ると、この寛政八年に、才助は後妻のお照との間にはじめての男の子が生れた。豊次郎昌宝である。

この年また祖母雲晴院が死んだ。その上、お照はヒステリー症にかかっていた。山村家としては、最も事の多い時だった。

才助の長男出生のこの年に才助の第一の著述があったわけだ。『外紀西語考』は小冊ながら、才助の心には忘れがたい記念となった著述であろう。

『外紀西語考』とは

さて、この『外紀西語考』は罫のついた半紙十六枚の稿本である。内容は世界地理上の地名や国名や州名、更に河川の名、珍しい植物や動物の名称、探検史上の人名など、漢字名をまず上にならべた。そして、その下におのおの上に出した漢字名に当るラテン語とオランダ語を原字で記した。毛筆で書いたラテン語とオランダ語の横文字は、いとも美しく、いとも暢びやかで、素人ばなれのした達筆というべきである。才助はまま「坤輿全図」によればとか、また「地図を按ずるに」といいながら、註を入れながら、めんみつな考証を施した。要するに、この本は『外紀』に出ている西語を原語にあてて、考証したものである。だが、この

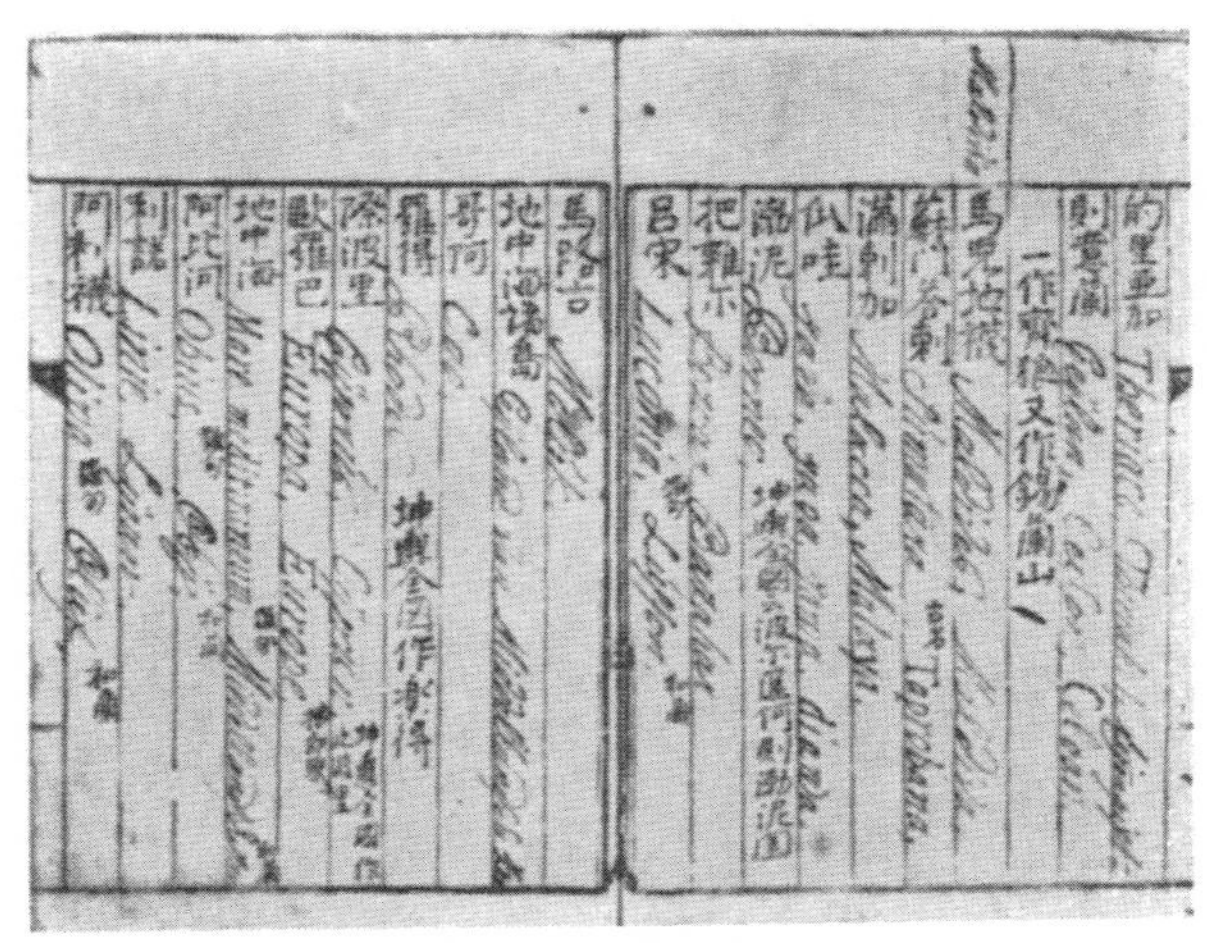

才助自筆『外紀西語考』第４枚の裏と第５枚の表

本には序文もなければ、跋文もない。『外紀』というのは何か。ラテン語とオランダ語は何によってあてたのか。『坤輿全図』とはどんな地図なのか。この本の成立についていろいろ知りたいことはあるが、この本自体からは、何の説明も与えられない。

この本は世界地理上の名辞の研究をしたものだという点から見れば、これは、才助が、やがて大きく完成しようとしていた『訂正増訳采覧異言』の基礎資料の調査から生れたものだと考えられる。

この本の基になる『外紀』とは何だろうか。すでに言い及んだように、これは『職方外紀』のことである。

『職方外紀』とは

『職方外紀』は、明（ミン）末中国にいたイタリアの耶蘇会士艾儒略（がいじゅりゃく） Aleni, Julio の世界地理書である。職方（しょくほう）とは中国の周代に天下九州の地図を掌（つかさど）った官で、領内四方の貢物を取りあつかった。つまり職方官支配外の世界のことを記したのが、この『職方外紀』五巻なのである。この本は、はじめ中国の浙江（せっこう）方面で出版されたといわれるが、いま見ることのできるのは天啓三年（一六二三）の序文がついたものである。

禁書になった『職方外紀』

この『職方外紀』は中国人に新しい世界を教え、中国における近代地理学の先駆となったばかりでなく、わが日本にも、はやく伝わった。しかし、わが国では江戸幕府の寛永鎖国の時に、この本は禁書となった。

近藤守重の『好書故事』巻七十四に、禁書のことが出ている。はっきりしたことはわからないが、守重が長崎の書物改めに質問したところ、寛永七年（一六三〇）以来、禁書と称するものが三十二種あると答えた。その三十二種というのは、明末、中国に天主教を布教した利瑪竇 Ricci, Matteo らが著わした書物を集めて叢書とした『天学初函』に収められたものである。この叢書に収められた耶蘇会士たちの著述は宗門関係の本ばかりでなく、数学・天文・地理・水利などに関する本も含まれていた。艾儒略の『職方外紀』も、またこの叢書の中の一つであった。

『職方外紀』の伝来

この禁書『天学初函』所収の三十二種の中、天主教に関係がないと認められた十一種が享保五年(一七二〇)に至って、禁を解かれた。その十一種の中に『職方外紀』もあった。守重は長崎書物改めの旧記によって、享保十六年に唐船の持って来た『皇明職方地図』の中に『職方外紀』があったといい、そしてそれはそのまま商売を許されたといった。

本居宣長と人見璣邑の対話

しかし、江戸幕府では、書物輸入の禁を弛るめたことなど、一般に告知したわけではなかった。

尾張藩の学者で、政治家でもあった人見璣邑は、寛政四年(一七九二)三月九日、本居宣長の訪問をうけた。その時の両人の対談を書いた『面話之次第』を見ると、宣長が璣邑に向って「職方外記を見玉いしや。」とたずねたとある。すると、璣邑は宣長に、「幾何原本・泰西水法そのほか二十部ばかり禁書と唱あり。職方も、その一なれば、たとい見し人も顕に見しとはいわぬものなり。しかし、享保中、天経或問刊行の仰ありて、世に弘し後は、やや禁も緩たるにや。」(稿本叢書第一 巻二七九頁)と答えたとある。

このような天下に名高い学者たちでさえ、寛政四年に至っても、まだ『職方外紀』の名を口にすることをはばかっているのも無理はない。

才助より前に『職方外紀』を用いた人が何人かいる。その一人は、長崎の学者

禁書『職方外紀』を用いた西川如見

西川如見であった。この西川如見には、またあとでも登場してもらわなければならない。そこで、この人について、簡単に紹介をこころみておこう。

西川如見は慶安元年（一六四八）長崎に生れた。本名を忠英といい、通称は治郎左衛門、求林斎とも如見とも号した。恕軒と書いたり、恕見と書いたものもある。寛文十二年（一六七二）に京都の儒者南部艸寿が長崎に来遊した時、如見は、この人について学んだ。天文・暦数・地理などを好んで、研究し、当時、博学をもってきこえた。享保三年（一七一八）、江戸に召され、八代将軍吉宗から、天文・暦算などに関する意見を求められた。その時、如見は七十一歳であった。それから、六年を経て、享保九年（一七二四）八月十日、如見は七十七歳をもって歿した。如見は、その生涯に二十一種、五十四巻に及ぶ多数の著作をなした。それらの大部分は如見の存命中に梓に上ぼせて、世に公にされた。それらの著作は明治三十一年のころ、『西川如見遺書』として新版が公刊された。

西川如見の地理学

如見の『増補華夷通商考(かいつうしょうこう)』（宝永五年（一七〇八）刊）は、日本で出版された最初の世界商業地理書だといってもよい。そして如見の『四十二国人物図説』（正徳四（一七一四）序享保五（一七二〇）刊）は、日本で出版された最初の世界人種地理書だといってよい。

みな公刊された西川如見の地理書

如見の『日本水土考』（享保五年（一七二〇）刊）は、日本の国土の特徴が、日本の国家の特徴の基礎となり、日本の歴史の特徴は、その地理的自然条件が然らしめるものという、素朴ではあるが、歴史の環境論的解釈をしたものである。この本は、小冊ながら日本歴史を素朴唯物史観によって哲学的に意味づけたもので、日本哲学史上からも、日本史学史上からもきわめて貴重な存在である。

西川如見と新井白石はほぼ同時代に生きた。如見も白石も、日本における西洋学の先駆といわれる。わが国における西洋流の世界地理学においても、この二人は同時代の先駆者であった。しかし、この二人の先覚は、この学問の歴史にたがいに相異(あいことな)った位置を持つ。白石の『采覧異言』や『西洋紀聞』は秘書とされて、一般の人人は容易に見ることができなかった。

如見の著作は『華夷通商考』『四十二国人物図説』をはじめとして、その殆んどが出版されて、多くの人人の眼に入った。後代への影響いかんとなると、如見の方が、白石よりはるかに一般的であった。この如見の世界人種地理学書『四十二国人物図説』は、後で見るように、山村才助によって訂正され、衣がえされて、世に出た。如見の地理学は、才助の世界地理学の半分の基盤だといってもよい。半分といったのは、他の半分が白石の世界地理学の上にあったからである。

『華夷通商考』の増補

さて、この西川如見は、元禄八年(一六九五)、京都の本屋から『華夷通商考』二巻を出版したことは、まえにいい及んだごとくである。ところで、この本は長崎通辞林道栄の秘書といわれる『異国風土記』を殆んどそのまま版にしたもので、厳重にいえば、如見の著述とはいいがたい。

如見は、その後十三年を経て、宝永五年(一七〇八)に、『増補華夷通商考』五巻を、前

元禄本『華夷通商考』は如見が出版したのではないという説

書と同じ京都の本屋から出版した。この後の方は岩波文庫にも収められた。この本は、江戸時代にわが国で公刊を見た最初の世界地理書だといってよい。如見は増補本を出すに当って、こんなことをいった。

「前書二冊は誰が梓に命じたものか、知らない。それは予の草稿であって、他人に添削され、かえって差謬が甚だ多い。また転写魚魯の誤りも少くない。今、書林の求めによって、予の定本を出して、これを改正し、その不足の所を増益し、かつ図画を加えた。すべて五冊、もっとも前書に勝れることははるかである。」(意訳)

ほんとうに、そうなのだろうか。この『華夷通商考』について、こころみに、元禄二巻本と宝永五巻本と比較してみよ。五巻本が新しく増補されたところは、その第五の「外夷増附録」の巻である。しかし、この巻は、アメリカに関する記事などが、はじめてあらわれ、この書物を世界地理書といわせるために大事な一巻である。すでに二巻本にのせた記事で、これは、なるほど増補されたなと認められるところは、巻四の「ハルシヤ」と「ムスカウベヤ」と「インデヤ」の三ヵ条に限られる。その他のところは、言葉の位置をかえたり、物産の名前をいくつか加えたりした程度の増補にすぎない。

『増補華夷通商考』巻の五の中に、こんなおもしろい話が出ている。

小人の国の話

「小人国。ホトリヤ国の北の海浜にありという。人の高さ二尺ばかり。鬚眉（ひげとまゆ毛）かつて無く、男女見わけがたし。土地、鹿多し。人みな鹿に乗って行く。或いは鶴のごとき鳥、その人を食うことあり。故に小人、常にこの鳥と相戦う。もし、たまたま山野にて、この鳥の卵を見れば、すなわち、これを破って、その種類を絶やさんとすという。」

これは小人の国の話である。

怪魚の話

「大魚。身の長二－三十丈。頭に大なる穴、二つあり。この穴より水を吐き出すに、河のごとく強し。大洋を渡る大船に遇ときは、すなわち、その首をあげて、水を船中に吐き入る。暫時に水満ちて、船沈没す。この故に船この魚に遇うときは、酒を樽に入れて、海中に投入れば、これを呑て去れり。たまたま、浅き処に漂い到ることあるとき、人これを殺して、油を煎ずるという。」

これは怪魚の話である。

ブラジル国の話

「ハラジイル。大国なり。北の方は大熱国にて、南の方は四季正しき国なり。この国の人の寿命、長き国にて疾病なしという。他国の病気ある者、この国に来れば必ず、癒るとぞ。いかさま水土の妙ならん。その地気、もっとも厚く、奇異の鳥獣多く、人よく弓を射る。人物、男子は、多くは裸にて、女子は常に乱髪にて、身を蔽えり。国、米麦なし。草の根を晒し乾し、粉にして、餅に作りて、朝夕の食とす。国主なく、文字なし。好んで人の肉を食らう。大鳥・大獣多し。また、この国の虎は餓たるときは百人にても捕うることあたわずといえども、食に飽たるときは一人にて、これを捕うという。土産、蘇木はなはだ多く、嘉木いろいろ多し。白砂糖あり。また、この国の南に銀河あり。時あって、河水わき出て、平地に溢る。後に、水退きて、その跡を見れば、みな銀砂・銀粒あって、地に敷りという。この河の広さ、海に入るの廻りにて、幅十六―七里なり。その水、海中に流れ入って、七―八十里ほどの間は、銀水一派浮んで、潮水に交らずして、分明なりとぞ。これ世界第一の大河なりという。その水源は大湖ありて、大河三つあり。銀河に至って合せて一派となれり。遠流一千里なるよし。」

これは南アメリカ州のブラジル国の話である。銀河というのはラプラタ河に相違ない。西川如見は、このような話を、どこから仕入れて、増補したのだろうか。

これらの話は、いずれも、どこかできいたことのあるような話だ。

『職方外紀』に見えた小人・大魚・ブラジルの話

禁書『職方外紀』を、そっと、ひらいて見よう。

「又聞。北海浜。有小人国。高不二尺。鬚髭眉絶而無。男女無辨。跨鹿而行。鶴鳥常欲食之。故小人恒与鶴相戦。或預破其卵。以絶種類。」(巻二西北海諸島)

「魚之族。一名把勒亜。身長数十丈。首有二大孔。噴水上出。勢若懸河。毎遇海船。則昂首注水。船中頃刻水満。船沈。遇之者。亟以盛酒鉅木甖。投之。連呑数甖。則俯

首而逝。浅処得之。熬油可数千斤。」(巻五海族)

「名伯西爾。起赤道南二度。至三十五度而止。天気融和。人寿綿長。亦無病疾。他方有病不能療者。至此即瘳。地甚肥饒。多奇異鳥獣。」(巻四伯西爾)

「俗多躶体。独婦人。以髪蔽前後。」(同右)

「不産米麦。不醸酒。用草根晒乾。磨麵作餅。以当飯。」(同右)

「素無君長書籍。」(同右)

「喜啖人肉。」(同右)

「其地之虎。餓時百夫莫可当。値其飽後。一人制之有余。」(同右)

「産白糖最多。嘉木種之不一。而蘇木更多。」(同右)

「其南有銀河。水味甚美。嘗湧溢平地。水退布地皆銀沙銀粒矣。河身最大。入海処濶数百里。海中五百里。一派尚為銀泉。不入鹵味。其北又有一大河。名阿勒恋。又名馬良温(アマゾン河)。河身曲折三万里。未得其源。両河最為天下第一。」(同右)

ここに『職方外紀』から拾い上げた漢文を、こころみにつなぎ合わせてみよ。

西川如見が元禄二巻本『華夷通商考』に増補した話が、ほとんど完全にできあがる。

西川如見禁書をたくみに利用

『増補華夷通商考』の増補分の種本について、著者西川如見は何も語らなかった。しかし、いまや、その種本(たねほん)は、禁書『職方外紀』だったことをかくせない。如見は元禄二巻本を、誰が上梓(じょうし)したかわからないといったが、こうなると、その言葉もあやしくなる。如見は、はじめ二巻本『華夷通商考』を出したが、その後、禁書『職方外紀』を見て、アメリカの部など、全く欠いた自分の本に、いたく不満を感じた。そこで、あれは他人が、かってに出したもの。今度、増補したのが、ほんとうの自分の原稿だといったのが真相ではなかろうか。

さて、それはいずれにしても、ここに西川如見の手によって、禁書『職方外紀』は、たくみに、その姿を国文にかえられ、印刷されて、江戸時代に流布された。

西川如見は、山村才助と比較すると、よほど年代的に先輩である。才助の曽祖父昌義と西川如見はおおよそ同時代の人であった。ところが、才助と同時代になって、この『職方外紀』を貴重に使ったのは森島中良（もりしまなから）である。岡村千曳（ちびき）氏の推定によれば、この中良が、寛政の蘭学者相撲番づけの作者であろうと。

森島中良『職方外紀』を利用

森島中良が『紅毛雑話（オランダざつわ）』や『万国新話（ばんこくしんわ）』を書いた時に使った「明儒（ミンじゅ）の訳せる万国の図説」が『職方外紀』だろうということは、すでに述べた。

中良は『紅毛雑話』や『万国新話』執筆にあたって、「すべて外国の名は明人（ミンじん）の音訳したる文字を用ゆ」といった。

彼の著述の中に出て来る貧院（貧困者を集めて世話をする施設）とか幼院（孤児院）とか病院などというのは、いずれも、明人の訳したものだとある。『万国新話』の中で「明人の説」あるいは「明儒訳する所の万国図説」「明人の地球図説」といって引用した話は、これを『職方外紀』にさがして見ると、ほとんど忠実に『職方外紀』の漢文を邦

桂川国瑞の墓碑に刻された『職方外紀』

訳したものである。中良が著わしたこれらの本の中で、彼が「明人」といったのは艾儒略(がいじゅりゃく)だといってよい。貧院や幼院や病院に関する知識も、もちろん中良は『職方外紀』から拾った。

いま、わたくしの所蔵に、中良の兄桂川国瑞の按文の入った『職方外紀』がある。その本には、当時彼ら蘭学者の間に読まれた蘭書から写されたライオン・人魚・一角獣・泪夫藍(さふらん)などの絵画が描かれている。

桂川国瑞は江戸築地に住んだので、月池と号し、当時、江戸で指おりの文化人だった。山村才助の伯父市河寛斎も、この人とは交際があった。才助の師、大槻玄沢とは、もっとも親しい間がらだった。

桂川国瑞は文化六年に歿した。そのお墓が東京都港区芝、二本榎の上行寺(じょうぎょうじ)にある。その墓表は文化八年夏六月、浪華(なにわ)の葛質(かっしつ)の述べたものとある。この葛質は葛西質(かさいただす)で、因是(いんぜ)と号し、当時、やはり高名の漢学者であった。これも市河寛斎と

外紀」に拠れば、域中に五大洲あり。通達するもの四。亜細亜といい、欧邏巴といい、利未亜（アフリカのこと）といい、亜墨利加という。中華・日本のごときは亜細亜洲中の一国たり。」（原文は漢文）と書きはじめた。石にきざまれた『職方外紀』は、これがわが国で唯一のものであろう。

親交があった。おもしろいことに、この葛西が書いた桂川国瑞の墓表は、「職方

林子平の手紙に見えた『職方外紀』

林子平が親友の塩竈祠官藤塚式部に送った手紙にこんなのがある。

「職方外紀の校合、いよいよもって、おすまし下され候や。五巻目の中ほどに、甚だふらちのところ相見え候。この所はいかがにござ候や。足下ご本、具足候わば、少の間、恩借つかまつり度候。ただし、小子が本も、とぢ様の紛乱にて、丁に不足もなく候わば、足下のご本、借し下され候に及ばず候。丁不足候わば、ご本、おかし下さるべく候。もっとも、この人に願い奉り候。」（寛政三年五月二日のもの？）

この手紙は林子平と藤塚式部が、ともに『職方外紀』を所蔵して、しかも、て

いねいに読んだ証拠となる。

『職方外紀』が学者たちに利用された証拠

大槻玄沢も、『環海異聞』や『銃砲起原考』に『職方外紀』を引用した。司馬江漢は『春波楼筆記』の中に、桂川国瑞は『漂民御覧之記附北槎略聞』の中に、近藤正斎は『外蕃通書』『辺要分界図考』の中に、と数え来れば、この『職方外紀』が、当時山村才助交際圏の学者・文人の間だけでも、少なからず伝写され、次から次へと流布して行ったありさまがよくわかる。

津（三重県）藩の儒者斎藤正謙は、その『鉄研斎輶軒書目』に、この『職方外紀』を解説して、「明末、撰する所、明清人、五大洲を説く、もと、この書による。世多くこれあり。故に余の縷述を須いず。」といった。

才助の『職方外紀』考証

さて、この辺で、才助の処女作『外紀西語考』へ筆を戻そう。

このように『職方外紀』は禁書ながら、西川如見からはじまって、才助のころまでに、すでに、かなり弘く読まれた。いわば、鎖国時代における問題の世界地

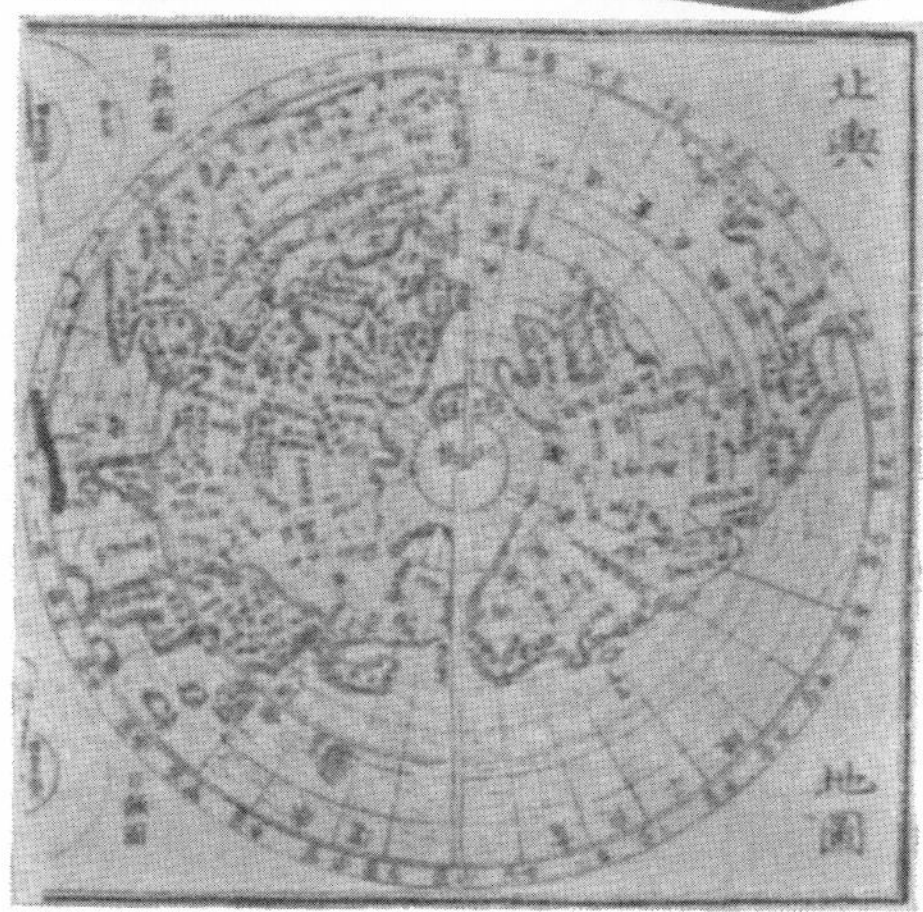

滝沢馬琴の自筆書き入れのある『職方外紀』。
地図が別冊になっている所が珍しい。

理書であった。

才助『職方外紀』を考証

この『職方外紀』は、明の天啓三年（一六二三）に出版されたといえば、才助が『外紀西語考』を書いた寛政八年（一七九六）から見れば、すでに一百七十三年のひらきがあった。才助がこの時代的間隔を見落すはずがない。才助は西川如見はじめ、他の多くの人人が『職方外紀』を鵜のみにして利用したのと、趣きを異にした。

才助は『職方外紀』を読んで、参考したに止まらず、その内容を、新しい蘭書によって、十九世紀になんなんとする時代の世界情勢に対比しながら、批判・考証をこころみた。それが、いまは見ることのできない『明儒翻訳万国図説考証』三巻である。そして、その中に出て来る地名その他の西語をオランダ語とラテン語にあてて、基礎的考証をほどこしたのが『外紀西語考』であった。才助は、ここに引きあてたオランダ語とラテン語を、どんな原書から拾い出したのか。岩崎克己氏は、才助のいわゆる『万国航海図説』や『万国伝信紀事』の類だろうと推定された。これらの蘭書については、後でもう一度ふれることにする。

もう一つ、この『外紀西語考』に問題が残されていた。それは、その行間に、いくども引用された『坤輿全図』である。

才助の使った『坤輿全図』とは

才助は『訂正増訳采覧異言』引用書目、漢土の部の劈頭に、同名の『坤輿全図』をあげた。中国で出来た世界図で『坤輿全図』と名づけられたものが、清初、南懐仁 Ferdinand Verbiest の作にある。しかし、それは、どういうわけか、江戸時代の日本へは、伝来しなかった。才助が使ったのは『職方外紀』より、二十年ほどはやく北京で印刷された利瑪竇の『坤輿万国全図』のことである。

山村謹吾氏所蔵の『坤輿万国全図』

才助が『坤輿全図』と名ざして引用した地名や文章をとり出し、これを、ここころみに、利瑪竇の『坤輿万国全図』にあてて見ると、これは、また申し合わせたように完全に一致を見る。才助は利瑪竇の『坤輿万国全図』を常に座右において、参考したものと見える。いま山村家をつぐ、才助の曽孫山村謹吾氏は、家宝として、利瑪竇の『坤輿万国全図』六幅を所蔵される。この地図は同類の写本と異なって、日本図の所を、古くからわが国に伝わった行基菩薩式日本図におきかえた点が特色である。箱書きに、才助真筆とあったが、才助の筆蹟は、一見誰にも、それとわかる特徴を持っているので、それとこれを比較して、これは、にわかに才助の自筆と断じがたい。しかし、才助が、この世界図または、この世界図と同系の写図を常に坐右にして、彼の世界地理研究の重要資料として、使ったことはたしかである。

かくして、才助の『外紀西語考』は、小冊ながら鎖国時代には、まれに見る基礎的・実証的考証で、蘭学界に実った珠玉といえる。そして、この一巻に才助の生涯に通ずる考証的世界地理研究の基本的態度が明らかに示された。

三　大槻玄沢の依頼で
『訂正四十二国人物図説』を作る

執筆の時をはっきり知ることのできる才助の著述の第二番目のものは、『訂正四十二国人物図説』一巻だ。この巻ものは、いま早稲田大学図書館にある。それは、もと大槻家に伝わったもので、才助の自筆本である。巻頭につけた大槻玄沢の序文は、「享和改元仲夏望日」に書かれたもの。すなわち、厳重にいえば、この人物図説は享和元年（一八〇一）五月十五日のころにできたものである。

大槻玄沢の序文

大槻玄沢によって語られることのおこりは、こうであった。

「庚申（寛政十二）の夏、同窓、但木子観、諸蛮人物図一軸を以て、余（大槻玄沢）に示す。借りて家に帰り、一日これを一友人に謀るに、これ長崎淵梅軒求林所撰四十二国人物図説を摸写せるものなりと。よって、その書を得、これを見れば、正徳年間の作にして、上下二巻あり。劉善聡、その首に序するの文を読むに、この図、もと紅毛蛮の伝うる所に出ず。けだし、その躬、自ら交易し、或は風に飄至せられ、或は耳に確聞する所なり。震旦に起り長人まで、計四十一国なり。のち、わが邦の人、明清両朝の人物を補写す。故に名くるに四十二国を以ってすという。ちかごろ、峯山侯、蔵する所の一軸を見るに、図はこれと全く同くして、ただ、その初において、崎港(長崎)に入津する所の唐山・和蘭の商船二図あり。かつ、各国の地名を記して、その諸説を省略す。序は唐通事(三字欠)者、撰するものなり。かつて、和蘭訳司吉雄氏に獲て、謄写する所という。これまた、その原図、西川氏の輯むるものによれるものなるべし。余、いま、これらを閲するに、その諸図は、もと和蘭、帯び来るものなるべし。その地名は西川氏、明人の音訳する所を記し、附説にいたりては、ただ伝聞する所を録するものなり。いま、ただちに両説について校考すれば、やや疑うべく、また甚だ差誤するもの少なからず。門人山村子明は幼より地理の書を嗜み、余に従って、西学を習うこと、年あり。従来その坤輿大地の諸説を、彼の書中より訳定する著撰、頗る多し。余、よって生(山村)に命じて、この図説を考正せしむ。乃ち、その原説を増減改定して、質正の略

『諸蛮国人物図』は『四十二国人物図説』の写しだった

『訂正人物図説』のねうち

説を毎図下に附せしめ、前説の謬誤を訂す。請う。観者をして、その正に就かしめんとしてなり。その輿地精説の如きは、別に新訳するもの多し。志あるもの、これを請うて可なり。」(原文片かな。振がな筆者)

と。つまり、こうである。寛政十二年の夏のこと、但木子観から大槻玄沢は『諸蛮国人物図』一軸を借りて帰った。ある日、これをある友人に見せた。ところが、この友人は、この人物図の正体を知っていた。すなわち、その人物図は西川如見が享保五年(一七二〇)に出版した『四十二国人物図説』の写しであった。さて、いろいろ調べて見ると、人物図の方はいいが、図説には信用しがたいものがある。そこで大槻玄沢は、門人山村才助の最新の世界地理研究に信頼して、これが訂正増補に当らせた。そして、でき上ったのが、この『訂正四十二国人物図説』だった。

大槻玄沢は、更にこの『訂正人物図説』の価値については、こう述べた。

「和蘭商船を通ずるの諸州、何ぞ、ただ、この四十余国に止らんや。顧うに、彼の人、別にその到る所の四大諸洲、各国人物を図記するものあるべし。この図は、その十中の一というべし。往時、洋人、たまたま、この図を携え来るものあり。西川氏好事の性癖の伝聞の説を附して、世に公にするものならん。余輩もとより、その諸洲を渉歴せずといえども、その各土の人物は、彼の西方輿地外紀諸説と合するもの多し。必ず、これ、妄聞漫写するものにはあらず。彼の三才図会に載する穿胸烏衣等の妄誕奇怪の図説と同うして、これを看ることなかれ。」

要するに、この人物図は、西洋人の世界各地への旅行や探検によって得た実証的な知識にもとづくものだ。中国の『三才図会』などに出て来る胸に穴のあいている人の住む穿胸国とか、いつも烏のような黒い衣を着ている人の国とかいうような怪しげな話とは、おのずから、学問的価値がちがうのだと。

早稲田大学図書館所蔵の、この人物図説には、大槻玄沢の考えによって、本朝の文官と女官と武官の絵が三つ加えられた。そのことについて、玄沢は、こう述

早稲田大学図書館にある『訂正人物図説』

べた。

「余今新に本邦文武二官の図を軸頭に補写して、四十三とす。此我日本は東辺の一方に僻在すといえども、気候常和、土壌肥腴、衣冠・文物・服飾・制度、彼諸州の寒暄宜きを異にするものに優れる事遠し。吾人此間に生れ、平居安逸にして、衆と共に其楽を同うする事を観感す。余已に独り楽むものと、衆と楽む所とを述ぶるの文あり。今前後を略し、此に附し、我喜ぶ所を推して、人未だ其喜ぶ事を知らざるものを知らしめんとす。」

と。玄沢は、この文中にいったごとく、この後に「独り楽むものと、衆と楽しむ所とを述ぶるの文」の一節を引用した。そこで、玄沢は、まず世界五方の困難な自然地理的条件や、原始的な人間生活の実態を述べた。そして、つぎに、それらの五方万国に比して、わが日本国の地理的条件がいかにすぐれているかを論じ、わが日本こそ、「実に天下の楽国なり」と断じた。

『四十二国人物図説』にのせた劉善聡の序文

これは、大槻玄沢の生活が生んだ玄沢の人生観だといってもよかろう。

如見の原著は劉善聡（りゅうぜんそう）の書いた序文に

「この図を展巻（てんかん）して、その人物を閲して、その図説を読み、図説によって、その風俗を考え、風俗によって、その好む所を論ずるときは、すなわち、四十二国善悪邪正歴々として、見るべからざるということなし。善なるは、これを記して、以て、わが身の法となし、悪なるは、これを記して、もって、わが身の戒となす。いずれか、わが師にあらざらんや。」（原文は漢文。この序文は正徳四年八月に書いたもの）

と、あって、おおよそ、この書公刊の趣旨がわかる。小野忠重氏は、西川如見の『四十二国人物図説』を写真版に写して、昭和二十二年（一九四七）に出版された。その時巻末につけた解説に、この本は、封建制下の農民や都市商工業者の日常生活を儒教的に組織づけようとしたものだといわれた。そうすると、おもに世界各国人の庶民生活を描こうとしたこの本に、大槻玄沢は原著の趣旨とは逆に、日本の貴族男女と武官との絵を加えたことになる。玄沢は、才助の訂正に、更に手を加えない方がよかったかも知れない。

いずれにしても、玄沢のつけた日本人の絵は原著者西川如見とも訂正者山村才助とも関係がない。世界各国の人物図は美しく彩色されているが、原図は西川如見の『四十二国人物図説』と殆んど同じだ。絵と、その上の国名の字は才助の筆ではない。図説は一―二玄沢の記入を除くと全巻才助の自筆だ。

才助は、大槻玄沢の命によって、手渡された人物絵に地理的説明をつけたのだが、その際「西図」を見たり、「明の時の利(り)・艾(がい)二氏の万国図を閲(けみ)し」たりしながら、西川如見の説明を殆んど原形を止めないまでに改正した。

原作と才助の訂正本の比較

意太里亜(イタリア)の条に例をとって、その一斑を示し、才助が如見の原作にどれほどの手を加えたかを窺うこととしよう。

如見の原著には「意太里亜(イタリア)　以西把尼亜(イスパニア)、此(この)二国欧羅巴(ヨウロッパ)の門にて、大国也。四

才助は原作を訂正して地誌の体裁をととのえた

季ありという。意太里亜の都を羅媽といえり。一国なり。いずれも邪法国也と聞伝う」とあるのが、才助の訂正本では、

「意太里亜国、別名「ワ・セ・ランド」ト云フ。欧羅巴洲中ノ大国ニシテ、其西北ノ牙而白(アルプス)ト云ル大山ヲ以テ入爾瑪尼亜(ドイツ)・赫爾勿萋亜(スイス)・払郎察等ノ諸国ト界ヲ分チ、其他ハ皆地中海ニ臨メリ。此地、気候極テ融和ニ、土地其豊饒、物産殷富ニシテ国用一ツモ欠クコトナシ。故ニ称シテ天下ノ楽土ト云フ。土人ハ天性霊慧ニシテ、星暦・音楽・画図・諸技ニ精シク、其他土木造建・百工器械ニ至ルマデ、皆其巧妙、他国ニ勝レリト云。」

となっている。

才助は、まずイタリア国について、その周辺の諸地を述べて、位置を正確にとらえた。更に気候と物産と、そして、この国の文化について述べた。簡略ではあるが、才助の叙述は、如見の原作を、はるかにこえて地誌の体系へ、ぐっと近づ

『訂正四十二国人物図説』「長人」の図。南アメリカ州パタゴニア地方の人物。図説は才助自筆。『坤輿外紀』からの引用文は大槻玄沢の自筆。（早稲田大学図書館蔵）

いたものと称すべきではなかろうか。

才助が新しい図説を書くのに参考した「西図」というのは、西洋製の地図や人物図のこと。「利・艾二氏」というのは、明末中国にいたイタリア人利瑪竇と艾儒略のこと。すなわち、マテオ＝リッチの世界地図や、ジュリオ＝アレニの『職方外紀』をも参考したということである。

才助は、これらの資料を使って、西川如見の原著を利用しながら、それを、それよりも一段と詳しい世界各地の人物を中心にした、やや程度の高い世界地理書に書きかえたのだ。

巻末に「長人」の図と説があるが、その後へ、大槻玄沢は、自ら筆を執って、南懐仁の『坤輿外紀』の「長人記」を書き添えた。もちろんこの『坤輿外紀』からの引用文は、訂正者才助の知らなかったものである。

さて、山村才助得意の『訂正四十二国人物図説』も、もし、そのまま、大槻玄沢の書架に納められて、誰も見る機会が与えられなかったとしたら、まさに死蔵というよりほかない。大槻玄沢の、衆と共に楽しむ話も全くから念仏にすぎまい。

『海外人物輯』の出版

ところが、山村才助も大槻玄沢も他界してから、はるかに時を経て、嘉永六年（一八五三）に至り、この『訂正人物図説』は、永田南溪の手によって公刊された。『海外人物輯』二巻がそれである。山村才助が、『訂正人物図説』を書いた享和元年（一八〇一）から数えて、まさに半世紀五十二年の後のことだ。

公刊された『訂正四十二国人物図説』こと『海外人物輯』は、作者才助も、原本所蔵者大槻玄沢も、あずかり知らなかったもの。それ故この本のことについては、才助の学問的業績が後世へどのような影響を持つのかについて、筆の及んだ時に、改めて、談ずることにする。

四　蘭学ノートを整理して『西洋雑記』を編む

才助は、寛政の初年(一七八九)大槻玄沢の門をたたいて以来、十数年間の蘭学生活のうちに、だんだんたまったメモやノートを、かねて整理しはじめていた。それが享和改元(一八〇一)の秋、八月一日という日に一応、書物の体をなした。そのうち和蘭語や、その文法に関するものは、これを別にして、世界各地の珍しい話だけを集め、それを六巻に分け『西洋雑記』と名づけた。そして、巻の一のはじめに、この本の由来を書いて添えた。

『西洋雑記』の序文

「予、近年、志を西洋の学に興し、磐水先生に従事して、その読書・訳文の法を習う。

既にして、先生に侍するの間、或いは、その語路・文義を聞き、或いは彼邦俗・事情を問い、彼書を閲するごとに、間々奇説を得ることあれば、すなわち、これを懐中の小紙に録せしもの、爾後歳月を経るに随って、篋笥(こ)中に充盈す。これによりて、頃日、これを浄写して、その読書・文義・語路に係る者は一編となし、以て、彼邦書を読む時の考証に備え、ここには、その紀事・奇談・雑技・物産等を記し、名づけて西洋雑記という。実学の用に中らずといえども、或いは以て、聞見を資くるに足らんか。然れども、予が短才浅学なる、記すところ深く謬誤あらんことを怕る。あえて、君子の覧に呈せんとにはあらず。ただ篋蔵して、もって、予が遺志に供するのみ。」

『西洋雑記』世に出る

才助の、この言葉を、そのまきけば、この雑記は、出版の目的で整理されたのではなかった。ところが、実は、この本は、才助が死んでから、およそ四十年を経て、嘉永元年（一八四八）に至り、出版された。全部四巻四冊に分けられた。刊本は稿本と、組織をやや異にする。扉には「夢遊道人著　全四冊」とあり、「江戸書林　文苑閣蔵版」となっている。巻末には「山村才輔著」とあり、「嘉永元年戊

『西洋雑記』（嘉永元年刊）才助の著作として出版された唯一の本。

申三月刻成る」「江戸書林　日本橋北十軒店　鈴木文苑閣　播磨屋勝五郎蔵板」とある。巻頭には弘化四年（一八四七）九月十五日に書いた鈴木善教の序文がある。この人は、この序文中にも、この本は「山村才輔氏の著す所」と、はっきりいった。また才助の地理学にも言及してこういった。

「それ聞く。才輔氏の学を為す、名声を求めず。当時、衆、みな医学に従事す。而して、独り専ら地理に力む。かつて増訳采覧異言を著し、また、この著あり。爾来地理を学ぶもの頗る多しといえども、しかも未だ事を執り苦心すること、才輔氏のごとき者はあらざるなり。然り、すなわち、この書また、それ、なおざりにせずして成るを知るべきのみ。」(原文は漢文)

およそ、才助の人となりと才助の学史上の位置と、そしてその著作とを評して、正鵠を得たものといってよかろう。

山村家では『西洋雑記』の出版を知らなかったから

このころ山村家は、才助の子昌宝が天保十二年(一八四一)病気のため隠居して、その後をついだ、その子才次の代になっている。才次は『西洋雑記』の著者才助の孫に当る。才助の孫才次は『土浦藩家譜』によれば、何か「心得違ありて」禄十石を減ぜられ、山村家は『西洋雑記』が出版されたころ、百四十石となったと。刊本『西洋雑記』に序を書いた鈴木善教は当時、江戸の駿河台に住んでいたことだけはわかるが、山村家に関係があったのかどうか、また彼がどんな人だったのか知らない。

『西洋雑記』の板元鈴木文苑閣と、原著者山村才助の家をつぐ山村才次との間に、この本の公刊について、何か連絡があったものだろうか。その間の事情を教えてくれる資料を持たない。

山村家は天保十三年(一八四二)、才助の子昌宝の時に本藩土浦へ帰任を命ぜられた。それ以後このころも、もちろん才次は土浦にいたわけだ。おそらく、この『西洋雑記』は山村家とは無関係に出版され、才次の知らぬ間に江戸の本屋が、かってに、もうけたということであろうか。

才助の著述として出版された唯一の本

この刊本『西洋雑記』四冊は、才助の多くの著述の中、はっきり山村才助の著として公刊を見た唯一の本だ。この刊本は慶応二年(一八六六)十一月に重刻されたことから見ても、才助の著作のうち、これはもっとも広く人の目にとまった本だといえよう。

才助の他の著述は、いずれも、純粋に学術的なもので、一般向きのするものではなかった。ところが、この『西洋雑記』は、多くの蘭書の中から奇説珍談を拾ったノートが基になってできたのだから、おもしろい。

世界開闢亜当と厄襪の話からはじまって、西洋歴史や世界地理に関する新聞奇談に、全巻がおおわれた。その内容を想像するたよりに、比較的たやすく見ることのできる刊本、『西洋雑記』の目次だけでもあげておこうか。

『西洋雑記』巻一

「世界開闢の説」「洪水幷聖人諾厄の説」「罷鼻爾の高台の説」「西洋古今四大君の説」「罷鼻落爾亜幷百児西亜の二大君伝統の説」「厄勒西亜国大君の説」「邏馬国大君の説」「西洋中興革命の説幷諸国年号の説」「ヘブレウスの少年火中に入て焼けざる説」「天より瑣奪馬国を焼く説幷瑣奪馬の異菓の説幷西洋諸国男色を禁ずる説」「茅索禄斯王の塋陵の説」「アレキサンデル大王諸将に宝物を賜う説幷乞児に千金を施す説」「君を弑する逆賊雷霆に撃たるる説」「カーレル・ゴロート帝邪魔の祠を毀つ説」「邏馬国銅甲の説」(以上第一巻)

『西洋雑記』巻二

「聖人美瑟の説」「ギリーキス国(ギリシア)の名画の説」「取火鏡を以て敵船を焼く説」「天

下の奇女という説」「入爾馬泥亜(ゼルマニア)国にて異獣を得たる説」「和蘭(ホルランド)国にて海中の女人を得たる説」「波爾杜瓦爾(ポルトカル)国識記(しんき)の記」「伊斯把儞亜(イスパニア)国人呂宋(ルソン)国を奪う説附テイリュス国女王カルタゴ城を築く説」「西洋暦法の説」「西洋天文の原始」「西洋上世鬼神の説」「西洋図画に譬諭(ひゆ)を設くる説」「亜細亜(アジア)・亜弗利加(アフリカ)の像の説」「ギリツヒウンの説」「弗尼思(フーニス)鳥(不死鳥)の説」「稽没辣(キメラ)山の説」「セヰレデネンの説」「馬哈黙(マホメット)の説」「印度(インド)国仏法の説」「日月を神とする説」(以上第二巻)

『西洋雑記』巻三

「冠弁トルバンドの説」「入爾馬泥亜(ゼルマニア)の帝伝国の宝器の説」「西洋諸国の名義」「依蘭(エイスランド)地の説」「印度(インド)の人蛇を啖(くら)う説」「キルキッセンの説」「エッセドンの説」「小人国の説」「犬馬諸獣年を経るといえども小なること初生の時の如くならしむるの説」「カンキュット国伝統の説」「亜弗利加(アフリカ)洲に異類の人物ある説」「莫臥児(モゴル)および暹羅(シャム)の尊号の説」「暹羅国の説」「工鄂(コンゴウ)国の説」「アントロポハアジーの説」「入爾馬泥亜(ゼルマニア)国の鬼城鬼塔の説」「勿搦祭亜(ヘネシア)国(ヴェネチア)の都城の説」「鉄門関の説」「ゲローネンの説」「ガッリュス河水の説」「莫所沙(モッコス)国の説」「多鼠島の説」「那波里(ナポリ)の石穴の説」「ゲヰムネエデンの説」「不老不死の王という説」「風鳥の説」「カナアリア鳥の説」「墨是可(メキシコ)国大鴉(おおがらす)の説」

『西洋雑記』巻四

項目はおもしろいが内容は学術的である

（以上第三巻）

「印度小鳥の説」「南亜墨利加（アメリカ）の大鳥の説」「地生羊の説」「海牛の説」「アヂムナイム獣の説」「亜墨利加（アメリカ）の異猿の説」「ドトアルス鳥の説」「白孔雀（しろくじやく）・白鶏・白猪・白熊の説」「印度の異木の説」「鉄島水樹の説」「太懶毒辣（ダランドラー）の説」「アダムス・アッフルの説」「象幷象牙の説」「オポッシュム獣幷セミセュルバ獣の説」「亜弗利加（アフリカ）の大獣の説」「アソウハ獣の説」「大蟹の説」「水蛇の説幷水蛇石の説」「鶏石の説」「西洋言語の説」「硝子（ガラス）を柔にする法」「屋室幷拐糞（かいふん）の説」「西洋疳瘡（かんそう）の説」「西洋産婆の説」「譃談（げきだん）」「薬を服せずしてよく飲食をすすむる方」「薔薇（しょうび）をして香鼠ならしむる法」「卵中に文字を書するの法」「石上に文字をなす法」「金の量を重くする法」「猩々絨（しょうじょうじゅう）を染むる小虫の説」「ゴウテ・ヒッスの説」「則意蘭（セイラン）島の異草の説」「工鄂（コンゴウ）国の奇鳥の説」（以上第四巻）

六巻にわけた稿本も、内容は刊本と殆んど同じである。才助は、ここにあげたような珍しい話を、ただそのまま原書から拾い出しただけでなく、それにいちいち按文をつけた。そこに才助はひろく、東西の参考書を引用しながら、彼独特の批判・考証を加えた。さきに、この本はおもしろいといったが、おもしろい項目を取扱ったのであって、その論述は、やはり学術的なにおいが強い。この本は、やがて、集大成を見る才助の大著『訂正増訳采覧異言』への資料蒐集の途次に拾い集められた余篇という位置におかれるものであろう。

『西洋雑記』の二編

なお、この『西洋雑記』には才助の著作目録『夢遊秘書』にも、その名が見えているように、その「二編」という続篇がある。この「二編」の世に知られるものは、大槻家に伝わった稿本だけである。この稿本も、あまり伝写されなかったらしい。

内題に「西洋雑記二編巻之一　小東洋　夢遊道人筆録」とあるところなど、稿本『西洋雑記』六巻と同じである。正編にならって、その目次だけ、ここにとり出しておこう。

『西洋雑記二編』巻一

「亜弗利加洲巨人の骨の説」「キリイキス国の三画工の説」「伊曽保物語の説」「コンスタンチニュム帝讒言によりて賢子を失う説」「アンドロニキュスが乱逆の説」「オルレアンスの少女の説」「入爾馬泥亜国の山洞中の奇状の説」「ドシチアニュス帝方士を誅する説」「女帝ソユの説」「西洋の海中異物の説」（以上第一巻）

『西洋雑記二編』巻二

「満剌加国の異種の人物の記」「亜弗利加の異物の説」「大吻鳥の説」「西洋昔時より航海をなして、その国を富す説」（以上第二巻）

これが『西洋雑記二編』の組織である。おおよそ、初篇と同じ調子の本だ。「大吻鳥の説」の終りに、「およそ伯西児国の物産は予が訳する所のニーウホフという人の東西紀游の中に記す」とある。才助には、あとで見るように『東西紀游』という訳本があった。この本は、享和三年（一八〇三）ごろ、才助の手によって翻訳されはじめたと思われる。その『東西紀游』の名がすでに、ここに見えたとすると、この『西洋雑記二編』はおおよそ、この年或いは翌る文化元年（一八〇四）・同二年ごろに書かれたものであろう。

才助が『西洋雑記』に引用した蘭書については、岩崎克己氏の労作「山村才助の著訳とその西洋知識の源泉に就いて」(雑誌『歴史地理』第七十七巻第四号所収)という論説に詳しい。

五　橋本宗吉の地球図を批判して『六費弁誤』を書く

大久保利謙氏『六費弁誤』を紹介

才助の『西洋雑記』には享和元年八月一日の序文がついていた。そうすると、それから、ちょうど一ヵ月ほど後に、才助は『六費弁誤』というものを書いた。この稿本(美濃判一冊十三葉)は、山村才助が享和元年の秋九月に執筆したものと推定される。その自筆本が大槻家に伝わった。昭和十五年(一九四〇)十月に発行された大久保利謙氏の『日本近代史学史』によって、はじめて、その存在が公にされた。おそらく、この稿本は他に転写されたものもなく、天下の孤本(こほん)だったであろう。そして、いま、またその所在が不明である。

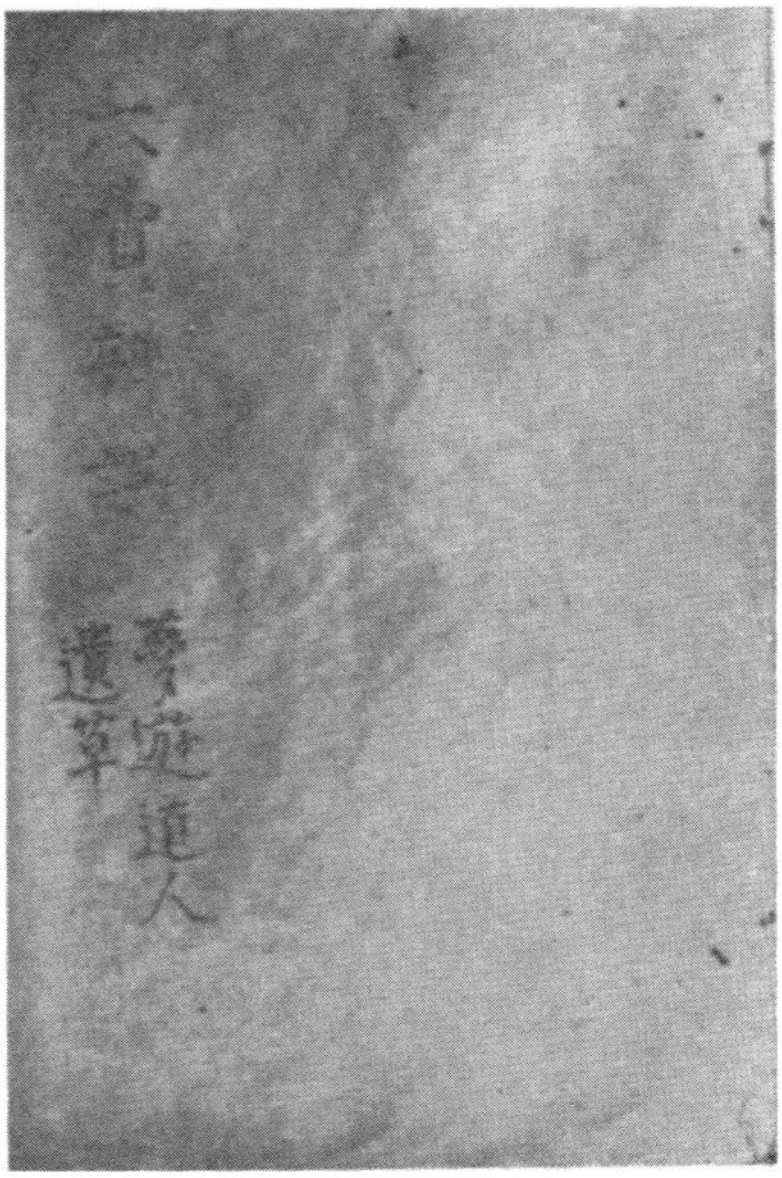

『六費弁誤』表紙
大槻玄沢自筆

内題には「読喝蘭（どくオランダ）新訳地球全図（しんやくちきゅうぜんず）」とある。表紙には大槻玄沢の自筆で、『六費弁誤（ろっぴべんご）』とあり、その下に「夢遊道人遺草」としたためられた。この表紙は「遺草」とあるからには、才助の死後、玄沢がつけたものにちがいない。『六費弁誤』という題名も、或いは才助の知らなかったものかも知れない。いまは、かりに、ありのままに、この稿本の名を『六費弁誤』としておく。

『六費弁誤』とは、いったい何なのか。それを知る鍵は、この本の終りに出て

『新撰洋学年表』は『六費弁誤』を無視

いる。山村才助は、この稿本に、橋本宗吉の『喎蘭新訳地球全図』を批判し終って、その最後に、こういった。すなわち、昔、中国の金聖歎(きんせいたん)が『続西廂記(ぞくさいしょうき)』を批判して、「筆を費し、墨を費し、紙を費し、手を費し、飯を費し、寿を費して、悪札一通を写し得たり」といったが、ここに批判した『喎蘭新訳地球全図』の図説が、また、まさにそれに当ると。そこから、六費して得た地球図説の誤りを弁ずるの書という名前が出たのであろう。こういえば、ここで、すでに才助の、この稿本の内容をいってしまったようなものだが、この稿本は、才助その人を知るために、もっと詳しく紹介する必要がある。

『新撰洋学年表』は寛政八年(一七九六)の条に『喎蘭新訳地球全図』をあげ、その終りに「この図説に就き、山村才助、その誤説を指摘したる文あり。さのみとて収めず」といった。これは、多分、この『六費弁誤』を指したものであろう。ここでは、この『六費弁誤』をさのみとて、そうあっさり捨てることに反対である。

橋本宗吉の『喎蘭新訳地球全図』

ここに才助の批判の対象になった『喎蘭新訳地球全図』は、大阪の蘭学者橋本宗吉の作ったもの。寛政八年(一七九六)冬十一月に官許を得て印行された。『享保以後大阪出版書籍目録』には、この地図について「閲者長久保赤水(水戸)板元藤屋弥兵衛(高麗町一丁目)出願寛政八年十一月　許可寛政八年十一月十八日」となっているが、板元は、これと異なるものもある。

刊) 56.5 cm×94 cm

わが国で印行された両半球世界図は、これより、四年前、司馬江漢によって、銅版印刷にされた『地球全図』をもって、はじめとする。そして、この橋本宗吉の地球図が、そのつぎに来る。宗吉にとっても、この地球

宗吉の芝蘭堂入門

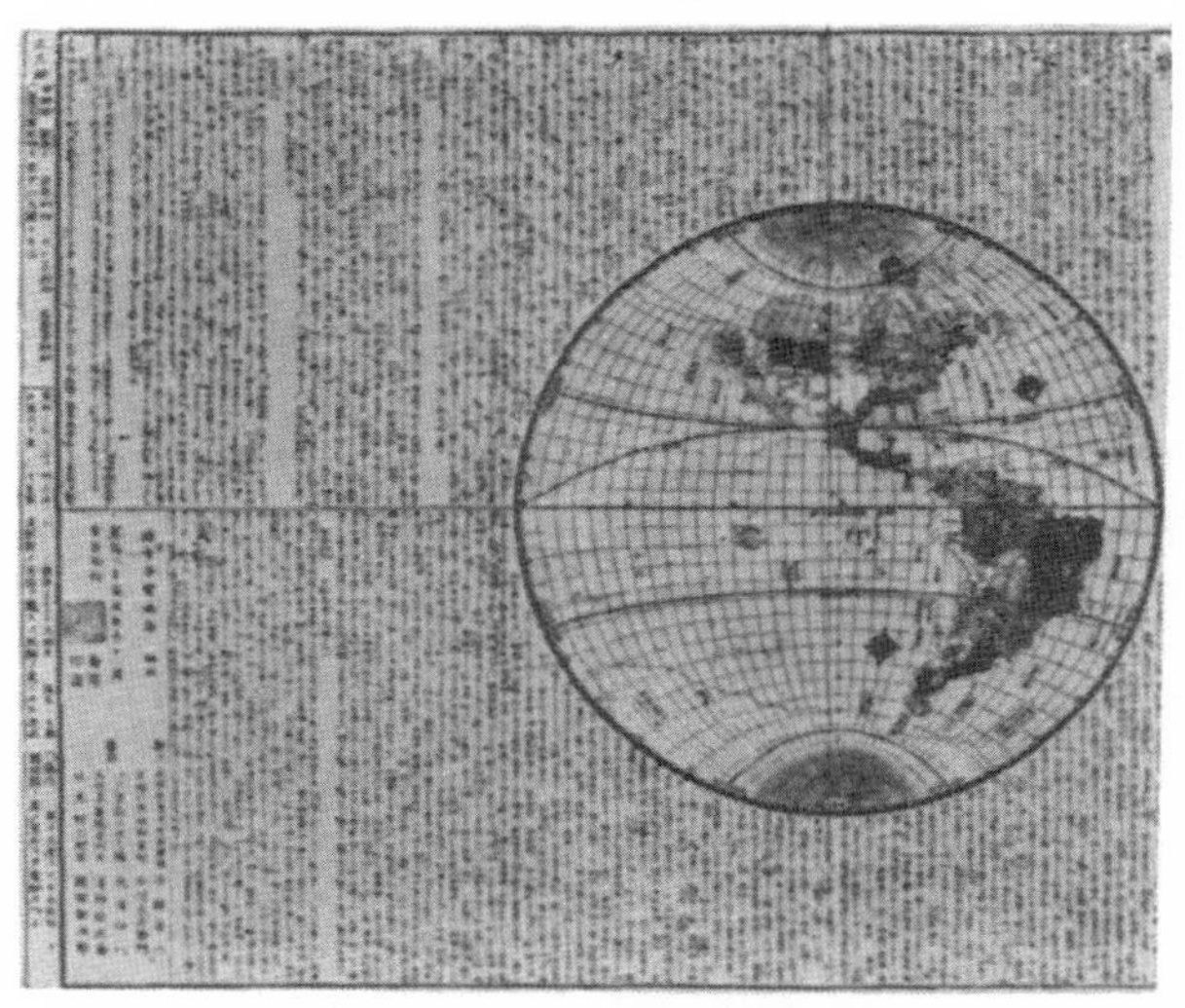

橋本宗吉作『喎蘭新訳地球全図』（寛政八年

図は記念すべき処女出版であった。しかも、この地球図は、後にいくつも偽版が出ている。とにかく、わが国の世界地図史上、問題の地球図である。

作者橋本宗吉には、前に一度登場してもらった。宗吉は『浪華名家墓所記』によれば、天保七年（一八三六）五月朔日、七十六歳で歿したとある。いま、これによって逆算すると、宗吉は宝暦十一年（一七六一）に生れたことになる。山村才助より七つの年上(としうえ)だ。大阪の天文学者間重富(はざましげとみ)の後援で、江戸にでて、大槻玄沢の門に入ったのが、二十八歳の時と伝えられ（大槻如電著『大槻磐水』の説）、また「寛政の初年のことなり」（『蘭学事始』の説）ともいわれる。宝暦十一年を宗吉の一歳と数えると、その二十八歳は天明八年となる。この年を、宗吉の芝蘭堂(しらんどう)入門の年とすれば、宗吉は芝蘭堂における才助の一年先輩ということであろうか。もし、また杉田玄白の記憶を信じて、宗吉の芝蘭堂入門を寛政初年とすれば、山村才助と全く同門同期のライバルだったことになる。

宗吉は才助と同期同門のライバル

大槻玄沢が、宗吉の『三法方典』（文化元年（一八〇四）刊）によせた文化元年（一八〇四）の序文には、宗吉が玄沢の門をたたいたのは「今（文化元年）を距(さ)る、まことに十四-五年」とある。文化元年から十四-五年前というと、寛政二年（一七九〇）頃となる。この人も才助と同じく芝蘭堂の門人帖に、その名が見えない。宗吉も、きっと門人帖のはじまった寛政元年六月以前の入門生だったにちがいない。そして、玄沢は、この同じ序文の中に宗吉について、江戸に「居ること数月にして西帰」と書いた。つまり宗吉が玄沢に教えをうけた期間は一年にも足りなかったわけだ。

大槻如電の『新撰洋学年表』には寛政二年(一七九〇)のところに、「伊勢人安岡玄真、大阪人橋本宗吉、土浦藩士山村才助、前後相継ぎ、大槻玄沢の門に和蘭学を修む」とある。

ここでは、おおよそ、宗吉について、山村才助と同時期・同門の秀才だったと推定しておく。

玄沢の宗吉評

玄沢は『蘭訳梯航』(文化十三(一八一六)の著)の中に、宗吉を評して、こういった。

「浪速の人、間・山中二氏より紹介して、橋本鄭なる者を東遊せしめて、翁(玄沢)が門に入れて学ばしむ。此人、西帰の後益々務め、関西に於て大に名を振う。その学、なお未だ優ならず。かつ文辞に嫻わざるよりして、自ら許す所あるが如きは、翁が常に戒ることありといえども、その性、根気強うして、篤くこれを好て、勉礪し、数十年、この業を怠ることなきは、この生なり。頗る著書にも富む。故に五畿・七道・近国の志あるもの、この人に依らざるはなしと。東西宇・橋の二生、その著書も少なからず。かつ、その手に成りし諸生徒も多しとも聞けり。」

宗吉のいい分

この玄沢の宗吉評は、はやく宗吉に伝わっていたと見え、宗吉の著『三方法典』の例言の中に、宗吉は自ら「予素より文に嫺わず、辞にくらし。童幼習語を以て、この訳を成すといえども、およそ彼を移して、此に致すときは、必ず、此を遁るべからず。看官、幸にこれを恕せ」などといった。これは、あたかも十二年も後の大槻玄沢の言葉に、弁明しているかのごとき観がある。

なお、宗吉は、それにつづいて玄沢先生などには、快くうけとってもらえまいと思われるような興味深い、しかも重大な発言をした。

宗吉の文字仮器説

「この本の訳ならびに文字、漢様の体裁にそむくが如きものあるべし。彼浮屠者流の梵書を訳せるもの、往々、侏離（えびすなどの語声の聞きとり難い形容）あるに同じ。これ蘭訳者流の一面目なり。すべて文字は仮器なり。義理、達して已む。予が不才なるも、なんぞ、これに拘々せん。」

というのである。

要するに、この本の翻訳や文字は、体裁を重んずる漢文の形には、はまらないものがあるが、要は意味が通ずればいいではないか、と宗吉はいいたかったのだ。『三方法典』巻の二の終りに、この本のさし絵を描いた中山昇仙は、おもしろいことをいった。

宗吉の蘭画説

「先生(宗吉)かつて、和蘭画法に精し。近ごろ、予に、その法を伝う。曰く、蘭画はただ真を写すのみ。筆意気動を事とせずと。」というのである。これは、宗吉の文章・文字の説と、その軌を一つにする画説だ。この文字説、この画説は、藩医大槻玄沢や藩士山村才助と、社会的生活基盤のちがった町人宗吉から出た言葉であり、態度であったと見たい。

杉田玄白の宗吉評

杉田玄白は『蘭学事始』の中に、宗吉について、こう語った。

「大阪に橋本宗吉という男あり。傘屋の紋をかく事を業として、老親を養い、世を営めりと。不学なれども、生来奇才あるものゆえ、土地の豪商ども見立て、力を加え、江戸へ下して、玄沢の門に入れたり。僅かの逗留の間、出精し、その大体を学び、帰阪の後も、自ら勉めて、この業(蘭学のこと)大いに進み、後は医師となりて、ますます、この業を唱え、従学の人も多く、漸く訳書をも為し、五畿・七道・山陽・南海諸道の人を誘導し、今におけるいよいよ盛なりと聞けり。江戸へ来りしは寛政の初年のことなり。帰阪の最初、右の元俊(小石)も、かれが志を助けて、その業を励ましめしとなり。」

宗吉は町人の出身

宗吉は、商都大阪に生れた。そして、傘屋の下うけをして生活したとなると、当時の社会のしくみでは、宗吉は下賤(げせん)の部にあったといわざるを得まい。玄白も、宗吉を評して「不学」といった。宗吉は江戸へ出るまで、きっと学問などしたことはなかったのだろう。宗吉の生れた所、そして宗吉の属した社会が、宗吉のものの考え方を方向づけた。その方向が、玄沢や才助と少しばかりちがったのである。

宗吉は、この社会にでき上った形式などあまり重んじなかった。玄白や玄沢から、不学といわれても、文辞にならわぬものといわれても、「なんぞ、これに拘々せん」と、全く遠慮などしなかった。

宗吉の江戸遊学後援者の一人に大阪の医者小石元俊がいた。元俊は、宗吉の『三方法典』に序文を寄せた。元俊はその中に、宗吉が江戸遊学の時、わずか四ヵ月の学習で、よく和蘭語四万を暗記して、浪華に帰ったと述べた。それは本当のことかと、ききたいほど強引な勉強だ。この話などは、形より実をとる宗吉の態度をよく物語るものだ。

宗吉の著作

師なる玄沢は、宗吉の蘭学について、なおいまだ優ならずといい、また文章も、まずいといいながら、なおかつ、宗吉の『蘭科三方法典』『内景洞視』『ショメール奇方拾輯』『トーマス解体書』『西洋産育全書』『遠西雑俎』『西洋天話』（以上七部

『三方法典』巻の一・下・本草部巻末所載の宗吉著作目録）『ヱレキテル訳説』『阿蘭陀始制ヱレキテル究理原』（以上二部長浜重麿氏所蔵）等の業績を無視できなかった。また「諸法方、この書にて、理会しがたきあらば、なお学の百爾（ひゃくに）（天然の地勢が険要を占め他国に百倍するだけの力あること）千里を遠しとせずして、予が浪華の塾に就き生面に対して、質問あれや。蘊（うん）を竭（つく）さん。」（『三方法典』例言）と。宗吉には実証的な学問に対する迫力があった。さすがの玄沢も、宗吉の熱心・強引にして、倦（う）むことを知らない数十年の勉学には感嘆を惜まなかった。玄沢は当時の蘭学界を見わたして「東西宇橋」（東の宇田川玄真西の橋本宗吉）の二生と称せざるを得なかったのだ。

東西宇橋

ここに、とり上げられる地球図の作者は、実に、文化十三年（一八一六）のころ、蘭学の大御所（おおごしょ）大槻玄沢をして、東の宇多川玄真、西の橋本宗吉といわしめた西の宗吉その人であった。

才助、玄沢から宗吉の地球図の批判を命ぜられる

享和元年（一八〇一）秋、九月二日のことである。山村才助は、磐水先生を訪ねた。談たまたま西洋地図のことに及んだ。そこで、磐水は地図一帖を、とり出して、

才助に示した。そして、磐水はこういった。

「この地図は、近ごろ浪華の橋本生、所刻のもの。謬誤が甚だ多い。わたしは本業が近日、最もいそがわしくて、校正する余暇がない。山村君、それ、これを訂正してくれ給え。」

と。ここから、橋本宗吉の地球図に対する山村才助の批判がはじまる。

宗吉の地球図に対する才助の批判

「永（昌永の略）命を奉じて、これを閲するに、実に訛誤臆説少なからざること、果して、先生（磐水）の言の如し。今これを左に挙て、その誤を示す。橋本生は、けだし、和蘭の書を読みたる人には非ずとみゆ。その説みな漢人の書および本邦近世、訳述する所の采覧異言・泰西輿地図説・紅毛雑話・万国新話・華夷通商考等の書を採集して、記したるものにして、その彼此の異同あるときに臨みては、もと地説の蘭書をよみたることなき故に、自分にもよく理会せぬことを、強て牽合附会したるあり。或いは彼書の説を、強て、此書へ牽合附会したるあり。或いは史記・漢書等にある国名を、あてもなき所に出せるあり。或いは地球に用もなき支那の古書を引証して、己れが博聞を

橋本生恥を知らずや

無知無学の人に誇らんとするが如し。支那の古書を引て、却て、西洋の書を引かず。これ地球の図というものは、もと西洋の創製する所のものなれば、殊に西洋の書をこそ、証とすべきことなるに、かくの如き支那の書を引きたるは、この地図は西洋の書をば捨て、支那の説を主とせるにや。これ西学においては、記聞窘縮（苦しみちぢまること）して、強て図の説をさすが故にして、識者の咍（あざけりわらうこと）とするのみ。

仏斎居士なる人、この図説に題して、いわく、橋本生は人となり穎悟にして、かつて、東武に遊んで喎蘭の学を、磐水先生の門に受く。未だ裘葛（かわごろも（冬もの）とかたびら（夏もの））を換えずして、その蘊奥を窮むと云云。およそ、猥雑浅陋の技を閭巷の小師について学ぶさえ、その奥に至っては、容易に窮むべからず。いわんや和蘭の学は、近来諸老師、心を竭して、千古未発の大業を闢きたるものにして、わが磐水先生は、今諸老師の中において、粋のまた粋なるものにして、蘭学諸家の仰望する所。いかんぞ、浅学の企およぶ所ならんや。

　橋本生、かくのごとくなる誤説・臆説を雑著し、先生の蘊奥をきわむと称するも、笑うべきことなり。仏斎居士、たとえ、これを褒賞して題すとも、その身において、

宗吉の地球図旧図によるか

謙退して、この四字をば除んことを思うべきに、安然として、これを受くるは自ら恥るところを知らずとやいうべき。

題言またいわく。和蘭の亜都良察（世界の義）図冊、これを検すること、ただ数十百頁のみならずと。これまた大言、人を誑くのみ。北亜墨利加の西辺の如き、全く西洋の旧図によって新図を用いず。新和蘭（今のオーストラリア）の極南「ヂイメン」の地および、その辺海諸小島の如きも、みな闕て、載せず。多くの地図を閲すとならば、いかんぞ、かくのごとき事あらんや。」

これが、宗吉作るところの地球全図に対する才助の批判文の総論である。つまりこの総論を一言にしていえば、「宗吉よ、恥を知らぬか」ということになる。引きつづいて、才助は言葉するどく宗吉の『喎蘭新訳地球全図』の説明文の条を逐って批判した。その内容と論調は、ここに、いちいち紹介するまでもなく、この総論がよくそれを概括して、あますところがない。

わたくしはかつて別の小著『新井白石の世界地理研究』に、才助の批判文の全部と、その対象になった宗吉の地球図説とを併せて、附録した。ここでは、再び、それを出すことをやめて、才助の宗吉批判の書『六費弁誤』の結論だけをあげておく。

『六費弁誤』の結びの言葉

『六費弁誤』本文最後の一節。
才助の自筆。

さて、才助は宗吉の地球図を批判しおわった。そして、こういった。

「この地図は上に弁ずるごとくに、夥しく臆説杜撰をなす。これを以て、世に刊行し、自ら欺き、また人を欺く。そもそも、これ、名を鬻がんがためなるか。恥を求めんがためなるか。果して、これ何のためぞや。識者は笑うべし。昔、金聖歎、かつて続西廂記に批して、いわく、筆を費し、墨を費し、紙を費し、手を費し、飯を費し、寿を費して、悪札一通を写し得たりと。予、この地図の説においても、また、しかいう。」

と。この才助の稿本は、その成立の事情からして、大槻玄沢へ手わたされた。玄沢はこれを一覧して、稿中、才助のはげしい筆さきは、これをいくどもおさえて、穏当な言葉にいれかえた。しかし、この批判文は、大槻玄沢も、これを橋本宗吉に見せることは、ついに、しなかったであろう。もっとも、宗吉は、もし、これを見せられても、あまり気にもとめなかったかも知れない。

『六費弁誤』を書いたころの才助

この『六費弁誤』は、強引にして、こまかいことに気を使わない太い神経を持つ宗吉と、一点一画をゆるがせにしないちみつな鋭どい神経を持つ才助の対立をよく描き出している。同時に、この書はさきにも見たように、大槻門下四天王の中の、この二人の社会的な立場から来るものの観方の相違をも、よくみせてくれる好資料である。

才助が、この『六費弁誤』を書いた時を、才助の生活史上にあてて見よう。

この『六費弁誤』のできた享和元年（一八〇一）といえば、その前年、すなわち寛政十二年（一八〇〇）に、才助は父司（つかさ）隠居のあとを承けて、家督を相続して、土浦藩における百五十石どりの当主となっていた。

才助の研究生活史に、このころを当てて見ると、その学問活動の最高潮に達した時と見てよい。

このころ、享和壬戌（じんじゅつ）の冬の序文を持つ才助の大著『訂正増訳采覧異言』は、そろそろ、完成に近づいていたはず。すでに見た『訂正四十二国人物図説』は、稿をおわって、玄沢の手に収められていたはず。たくさんの蘭書邦訳の際の副産物『西洋雑記』も、一応整理できたはずであった。『六費弁誤』は、才助の学問生活を通じて、もっとも実（みのり）多き秋（とき）の収穫の一つだった。

『六費弁誤』にのせられた才助の批判は、学問的に見て、いずれの条を見ても、いちいちまことに、もっともの言葉である。感情的な表現は、しばらく、おくとして、学術上の弁誤に至っては、全く胸がすくように明快である。この時代において、日本で、この世界地図を、これだけ批判できるものは、わが山村才助以外にはあるまい。この『六費弁誤』は、才助の筆だとはいうものの、わが江戸の蘭学が到達し得た世界地理知識の高さをも示すものだ。

世の人人にうけた宗吉の地球図

しかし、世の人人は『六費弁誤』など、いっこうに知る由もなかった。世間一般の人人は、宗吉先生の『喎蘭新訳地球全図』が、西洋の古い原図を写したのだなどとはつゆ知らなかった。北アメリカ州の西岸カリフォルニアの半島が、宗吉の地球図では誤って大きな離れ島に描かれていても、これに疑問を持つほどの人はいなかった。宗吉の地球図のまわりをいっぱいにうずめた説明文（これを図説という）を読んで、なるほどと思い、おもしろいと感じ、作者の博学に感嘆と敬意を払う人は

宗吉の地球図盛んに売れる

橋本宗吉の『喎蘭新訳地球全図』(右端)とその偽版のいろいろ

あっても、これが誤りと、こぢつけに汚がされた文章だなどと見る人はいなかった。そのような状態が世間一般で、これが普通なのであった。

才助や玄沢などのような知識は、高く孤立して、世間一般とは、何のかかわりもなかった。

宗吉の地球図は、大槻玄沢の本箱の中に固く閉じ込められた才助の『六費弁誤』をしりめに、版を重ねた。盛んに売れた。折本にした偽版も、紙の表紙と板の表紙と二種類出版された。田島柳卿の名で出版された宗吉地球図の偽版も「天保十一年庚子十一月」とあるのと、この記年を欠くのと二種ある。これらはむろん原作者橋本宗吉の知らない出版だ。宗吉の地球図を、後の人人が偽版して、もうけたのである。結局、幕末に至るまで、宗吉の地球図を買い求める人が少なくなかったことだ。

『六費弁誤』の意義

このありさまは世界地理上の知識について異説があっても、どちらが正しいかを実証する機会を与えられなかったわが鎖国時代の人人には、むしろ当然のことといえよう。

才助の『六費弁誤』は学術的に価値は高いが、歴史的には、残念ながら、何の役にも立たなかった。無理が通れば、道理がひっこむのである。世には誤りが通って、正しさがひっこむことがあるので困る。今も昔も、とかく、人の世は変なものである。

六　才助『地学初問坤輿約説』を訳して『采覧異言』訂正増訳に備う

『地学初問坤輿約説』

静嘉堂文庫に『地学初問坤輿約説』と名づけた才助の訳稿がある。美濃判紙一冊四十三葉の小冊で、全部才助の自筆である。表紙には「地球総説・欧羅巴之部・払郎察（フランス）　オステルハルト撰」とある。この本には包み紙があって、右の表紙と同じ文字が見え、更に「山村昌永遺草」と書き添えてある。これはたしかに大槻玄沢の筆蹟である。才助がこの本を翻訳したのが、いつのことか、この本自体からは知ることができない。『訂正増訳采覧異言』の引用書目、西洋の部の第九番目に、この書名が出ている。やはり、この本は『訂正増訳采覧異言』への参考資料として訳述したものと見てよかろう。才助が、この書をこしらえたのは、どうしても『訂正増訳采覧異言』完成の時、享和二年（一八〇二）以前でなければなるまい。

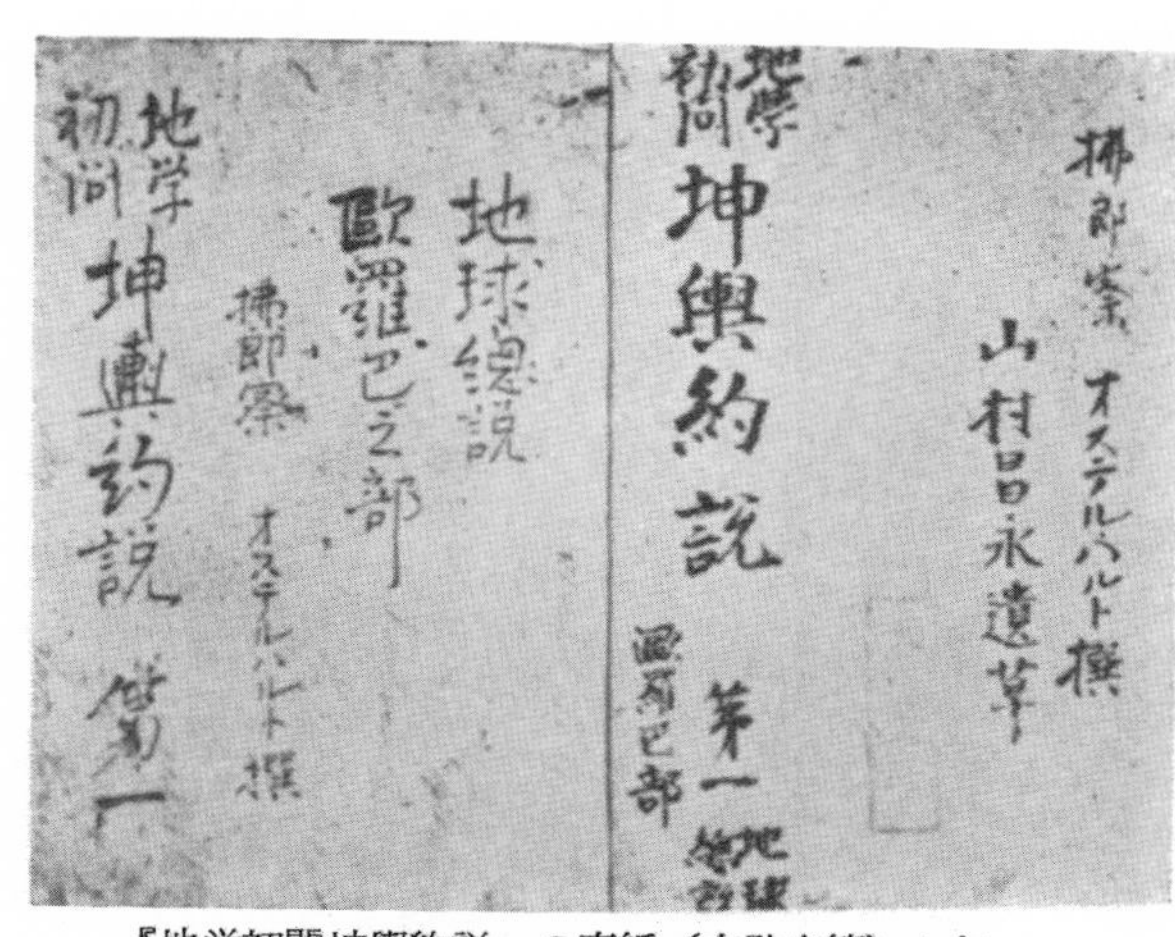

『地学初問坤輿約説』の表紙（才助自筆）と包み紙（大槻玄沢自筆）（静嘉堂文庫所蔵）

原書はオステルハルト Ostelvald, F. の"Geographische onderwijzer."か或いは"Onderwijs in de geoglaphie. Fransch en Duitsch."だろうと推定される。『訂正増訳采覧異言』にも「払郎察（フランス）国学士オステルハルト撰」とあるが、更に「和蘭国翻訳刊行」とあるから、才助の用いた原書はむろんアムステルダムで出版された蘭書にちがいない。

本文は「欧羅巴総説第一」からはじまり、「ブリタニセ諸島（イギリス）第二」「弟那瑪爾加（テナマルカ）（デンマーク）第五」「雪際亜（シュエシア）（スェーデン）第

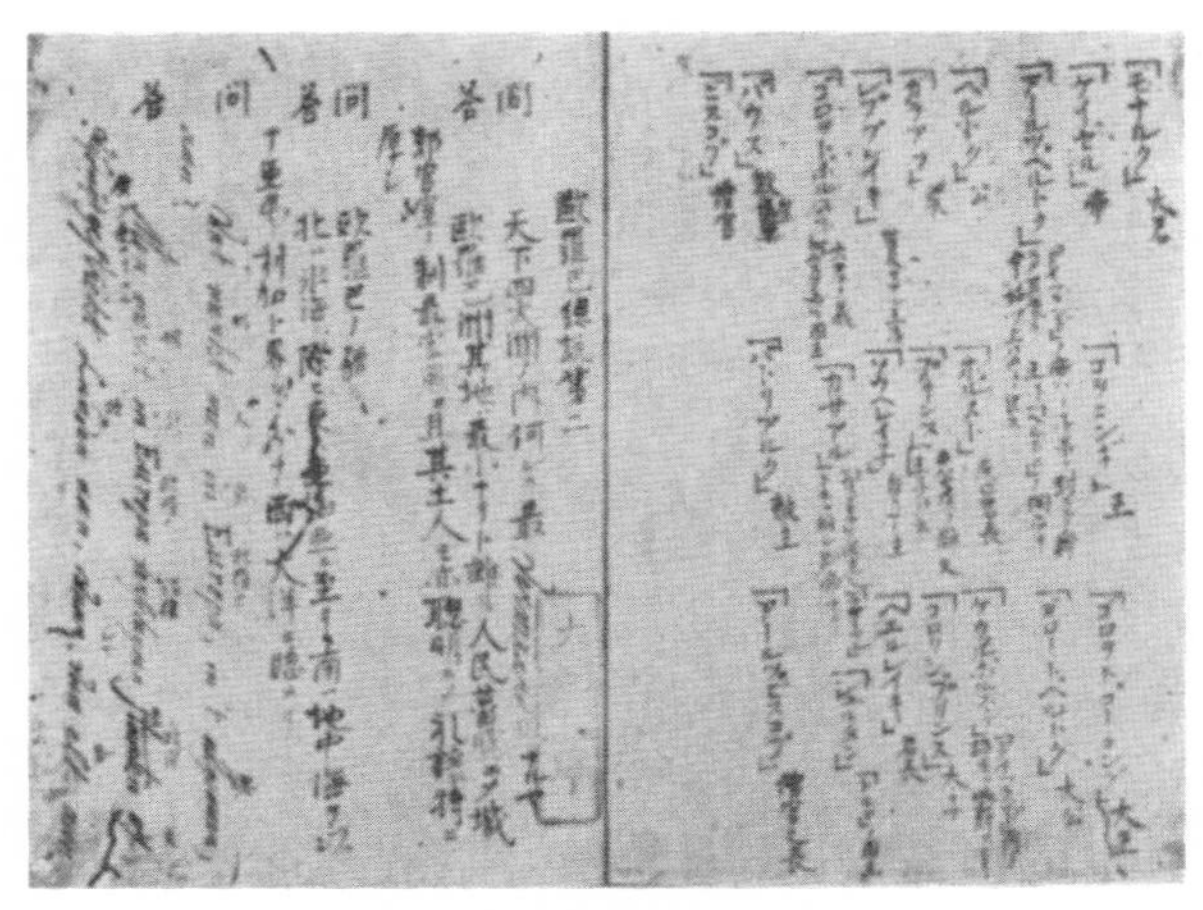

『地学初問坤輿約説』本文第一紙　才助自筆
（静嘉堂文庫所蔵）

六」「魯西亜《ロシア》第七」「波羅泥亜《ボロニア》（ポーランド）第八」「博厄美亜《ボヘミヤ》・翁加里亜《オンカリア》（ハンガリー）セエヘンベルゲン第九」「入爾瑪泥亜《ゼルマニア》（ドイツ）之上第十」「入爾瑪泥亜《ゼルマニヤ》之中《のちゅう》第十一」「入爾瑪泥亜《ゼルマニア》之下《げ》第十二」「沙勿牙《サボイエ》（サヴオイ）第十三」「赫爾勿萋亜《スウイツセルランド》（スイス）第十四」「赫爾勿萋亜のオンドルダーネン・ボンドケノーデン第十五」「羅得林亜《ロタリンゲン》（ロートリンゲン）第十六」「涅垤児蘭得《ネーデルランド》（オランダ）総説并にその噢失突利亜《オオストリア》に属するの諸部第十七」「フルエーニキデ、涅垤《ネデ》児蘭登（ルランド）の一第十八」「フルエーニキデ、ネデルランデンの二第十九」に至るヨーロッパ諸国・諸地の地誌を、問答式に書いたもの。簡単な入門ヨーロッパ地理書である。才助は、この書でも、ただ原文を忠実に邦訳しただけでなく、後で説明する『コーラント＝トルコ』に比較しながら、按文（あんもん）を入れて、自ら研究しながら、訳述を進めた。そのかたわら、才助の大著述が進行していたのである。

才助の『坤輿約説』は要領よくまとめられた入門ヨーロッパ地理書だったが、その後世への影響は殆んど見当らない。強（し）いていえば、天保八年十月に作った幕吏松本斗機蔵（ときぞう）の「蔵書目録」の中に、わずかに、その書名を見出すことができるぐらいのものである。

七　新井白石の『釆覧異言』に訂正と増訳を加えて
ライフワーク『訂正増訳釆覧異言』を完成

ライフワーク『訂正増訳采覧異言』

すでに、いくどでも、この『訂正増訳采覧異言』の名前は書かなければならなかった。山村才助といえば『訂正増訳采覧異言』を無視しては影がうすくなる。学者としての才助の生涯は、この大著にはじまって、この大著におわったといっても、けっして大げさではない。まえに紹介した才助の著述は、いずれも、この本への資料だった。

才助の蘭学への出発が、すでに『采覧異言』の訂正増補のためであったこともすでに見た。

新井白石の『采覧異言』

さて、才助の生涯をかけた『采覧異言』とは、いったい何ものか。『采覧異言』は新井白石の著わした世界地理書である。この本は、江戸時代には、同じく白石の著わした『西洋紀聞』と共に秘書といわれ、一度も出版にはならなかった。明治十四年(一八八一)になって、はじめて大槻文彦の校定本が白石社から公刊された。それが、更に『新井白石全集』第四に収められた。

『采覧異言』の名

この本の名は珍しい。『新撰洋学年表』によれば、「楊子方言の郭璞の序に、方言の作は、まさに輶軒の使、万国を巡遊する所以、異言を采覧すべきなり」とあるところから、この本の名が出たとある。昔、中国の周や秦の時代に毎年八月に軽い車に乗った勅使を出して、異言を集めたという故事から出た言葉である。つまり、ここでは世界万国の異聞を広く採って見通すというほどの意味であろう。

白石社本のもとになった写本をはじめ、江戸時代に写された『采覧異言』には、白石の「正徳癸巳春三月」の序文がついている。

土肥源四郎が安積澹泊に送った手紙

後世の人人は、この『采覧異言』成立の時をおおよそ正徳三年（一七一三）春三月となした。ところが、ここに、こんな手紙がある。

「筑後守、生前著申候采覧異言一巻進置候て、序文御頼申候由、私共へ申聞候。是は誠に絶筆の作、歿前五六日之程に、畢レ功申候。其身も懇望と申、右之趣各別之事御座候間。近頃、乍二御煩労一、大筆を被レ揮、序言を被レ下候はゞ拙者可レ忝候。」

と。この手紙は、新井白石の門人土肥源四郎が、水戸の碩学(せきがく)安積澹泊(あさかたんぱく)(覚兵衛)にあてたものである。澹泊は当時彰考館の総裁であった。新井白石と安積澹泊の往復書翰を集めたものがある。『新安手簡』という。土肥源四郎の手紙はその中にある。

白石の絶筆『采覧異言』の行方

新井白石は享保十年(一七二五)五月十九日、六十九歳で歿した。ここにあげた土肥源四郎の手紙によると、白石はその日から、五-六日前に『采覧異言』を完成した。そして、ただちにこれを親友安積澹泊に送って、序文をたのんだ。白石は、それ以後、ついに筆をとることができなかった。この澹泊に送った『采覧異言』は、まことに白石絶筆の作ということになる。安積澹泊の序文のついた『采覧異言』が、どこかに無いものだろうか。

流布本『采覧異言』の由来

白石の『采覧異言』で安積澹泊の序を持ったものを、残念ながらいまだに見たことがない。今日、世に伝わった『采覧異言』は、享保十八年(一七三三)六月に桂川元廉(げんれん)が、雑然たる白石の草稿を整理し、目録をつけ、欠けたところを補って、見やすくしたものである。桂川元廉には白石のことを書いた『践好録』二巻がある。年代的に見て、この桂川元廉は、江戸蘭学の宗家として有名な幕府の侍医桂川家の初代甫筑かも知れない。

桂川の整理した『采覧異言』

桂川元廉の整理した『采覧異言』は秘書といわれながら、だんだん伝写されて、大いにひろまった。このころ、鎖国日本のあちこちに、漸くヨーロッパ近代諸国家の海外発展の波が寄せはじめていた。国際情勢は、日本の識者に、それらの国国の情勢を知る必要を生んでいた。それが『采覧異言』を流布させる歴史的・社

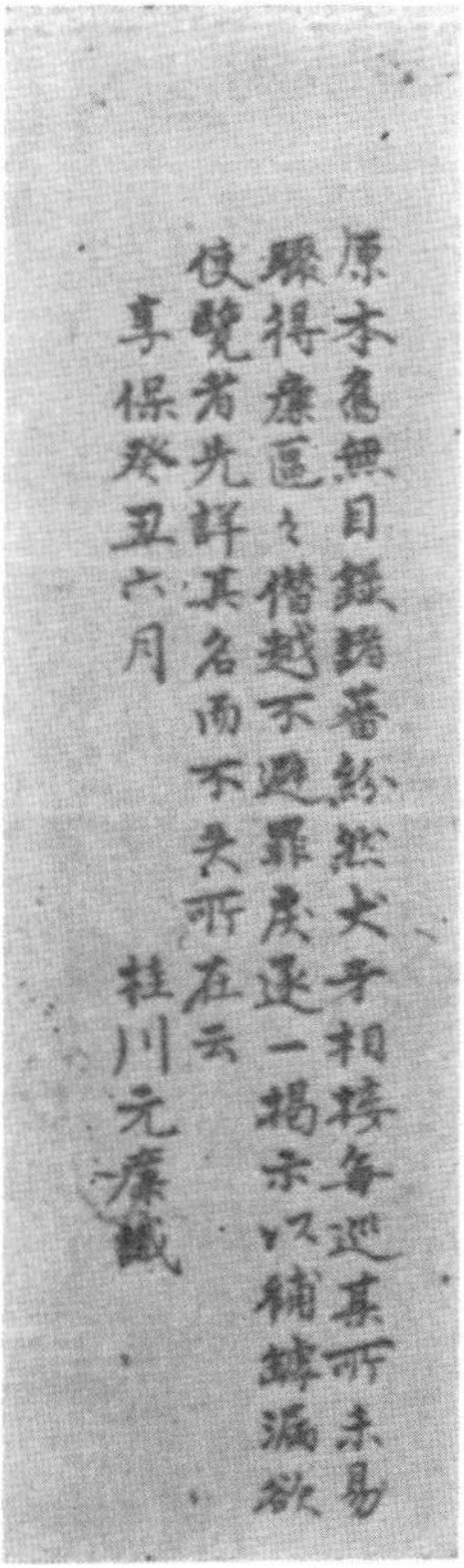

流布本『采覧異言』につけた桂川元廉の識語

会的基盤である。そして、当時としては、時の人人の、その要求をみたすために、この本の右に出るほどの組織立った世界地理書が、日本には無かったからだ。

そればかりではない。人は秘書などというと、よけいに、それを見たいのである。松平定信は老中の職にあった時、林子平の『海国兵談』や『三国通覧図説』は、妖言を連ねて、人心を惑わすおそれがあるとして、発行を禁じ、板木をとりあげた。ところがこの本は、当時の人人に大いに読まれた。つぎからつぎへ伝写されて、今日に残された当時の写本の数は少くない。

為政者が、民衆に読ませたくないと思う本は、民衆の方では読みたい本なのである。読むなというと、読むぞということになるのである。

全国的に流布した『采覧異言』

山村才助が『采覧異言』を読むころになると、この本は全国的に読まれるようになった。京都では安永三年（一七七四）西村遠里が著わした『万国夢物語』に使われた。これと前後して、この本は、九州にもひろまったと見える。三浦梅園の『帰山録』（安永七年（一七七八）著）や『五月雨抄』（天明四年（一七八四）著）などの中に見える世界地理は、殆んど『采覧異言』から出た知識のようだ。

静嘉堂文庫には、もと大槻家にあったもので、大槻玄沢自筆の『采覧異言』がある。その巻末に「安永八己亥（一七七九）仲冬十一月二十日、日の入り酉の時（夕方六時から八時までの間）に筆を起し、臘月（十二月）三日の五更（午後四時）に謄写の業を卒った」ことが、玄沢の筆で、したためてある。この時、大槻玄沢は、二十三歳。玄沢はこの前年（安永七年（一七七八））江戸へ出て来た。だから、玄沢が蘭学をはじめたばかりのころ、『采覧異言』は、すでにその手で熱心に筆写されたわけである。

このころ、新井白石の『采覧異言』は、学問に志すものの必見の書として評判が高かった。岡山藩の儒者湯浅常山はその著『文会雑記』の中に、「白石の采覧異言は、殊の外によく書れたると、春台（太宰）大方ならず誉られたり」という友人松崎君修（慊堂）の話をのせている。

玄沢の筆写した『采覧異言』

才助はいつ『采覧異言』を手にしたのか

さて、それでは山村才助はいつごろ、この『采覧異言』を手にしたものだろうか。

大槻玄沢が江戸に来て、この本を謄写した時、安永八年(一七七九)才助は、まだ十歳だ。このころは、もちろん玄沢と関係はない。才助は、自ら「幼より輿地紀載(よちきさい)の書を好む。かつて異言を読んで、その諸説の宏博(こうはく)にして、聞(ぶん)を新(あらた)にすること多きを感ず」といった。才助がいかに早熟の学者であったとしても、玄沢の『采覧異言』筆写の時より前に、才助の『采覧異言』初見の時を求めるのは無理ではなかろうか。

まず、おおよそ、大槻玄沢の『采覧異言』謄写の時と、前後して、才助も、この本を手にしたということにしておこう。

時の人人に『采覧異言』が読まれて、「ことのほか、よく書けた本」などと敬服されたり、ただ、そのまま引用されたり、利用されたりしている間は、鎖国日本の中では、新井白石以上に世界地理知識が育たなかったわけだ。つまり、ことの真偽をたしかめて、批判する力が無かったのだ。事実、白石の『采覧異言』は、不明の点、不備の点、誤解の点などを少なからず持っていた。それにもかかわらず、この本が、江戸時代の日本の世界地理学史上に持っていた指導的位置は長い間、容易にゆるがなかった。

白石の上に出た才助

実証の機会を国策によって閉された鎖国日本の世界地理学界から、新井白石の『采覧異言』を、のりこえるものはなかったのか。

白石の世界地理学をのりこえたのは歴史の波であり、時勢であった。もっと具体的にいえば、江戸における蘭学の興隆であった。これを、もっと重点的にいえば、専ら世界地理研究に任じた山村才助の蘭学であった。

白石の『采覧異言』は才助によって、そのあやまりを訂正され、その欠けるところを増訳された。その結果、生れたのが『訂正増訳采覧異言』本文十二巻、図一巻

才助の『訂正増訳采覧異言』は独立の著述と見てもよい

合計十三巻の大著である。これを量的に見ると、白石の原著の約十倍の大きさがある。これを質的に見ると、やはり、はるかに白石の世界地理知識をこえて、十倍するものがある。その編目は全く白石の原著によって筆を進めたのにもかかわらず、全体的には、その量と質いずれの面からも、全く独立の著述の観がある。

才助自身も、はじめ、これは、白石の『采覧異言』とは、自ら独立した著作と思っていたものであろうか。最初に大槻玄沢にさし出した草稿と思われる『訂正増訳采覧異言』が大槻家に伝わって、現在は静嘉堂文庫に所蔵される。この本は、首巻には玄沢自筆の題簽（だいせん）をつけ、第一巻から、第十二巻までの各冊に才助自筆の題簽がついている。全巻に才助自筆の所が少なからず見える。地図を書中の洲別につけた点が、地図を一括別冊にした流布本と異なっている。

この原本（もとほん）の巻一に、才助は「磐水大槻先生閲　江都山村昌永子明著」と書いた。たしかに、これは才助の著といっても、おかしくないのである。

才助が、この大著を完成したのは、大槻玄沢の、この本に寄せた序文の記年にたよって享和壬戌（じんじゅつ）（享和二年一八〇二）の冬だとしておく。時に才助は三十三歳。

『訂正増訳采覧異言』完成の言葉

才助は、この本の由来について謙遜（けんそん）しながらも、得意と自信にみちた口調で、こう語った。

「宝永（六年一七〇九）中に白石源公、明旨を奉じて邏馬（ロオマ）の人（Sidotti, Battista, 1668–1715）に接し、爾後（じご）、正徳年間（一七一一―一七一五）来貢の和蘭人に逢（あ）いて、官庫、従来所蔵の和蘭のヨハンブラア（Joan Blau ?-1680）という人、撰する所の輿地全図（よちぜんず）を以て、これに示して、その方俗を問い、私録する所あり。公（白石）の所記にいわく、宝永己丑（きちう）（六年、一七〇九）七月、ローマ人に逢いて、その来由を問うべきの命を蒙って、別記あり。正徳壬辰（じんしん）（二年、一七一二）、春、台命をうけて来貢の和蘭人（Cornelis Lardijn）に問対（もんたい）す。別に録せしものありと云々。最後、明の万暦中（三〇年一六〇二）に所刊の万国全図（マテオ＝リッチの坤輿万国全図）を訂正して、采覧異言を撰すという。新安手簡に公（白石）の門人土肥氏より、安澹泊（あんたんぱく）に采覧異言の序を請うの書を載す。いわく、これ公（白石）の絶筆にして、没前五―六日の間に功をおわるという。その該博（がいはく）・典実（てんじつ）、遠く明図（ミンず）（マテオ＝リッチ世界図）の比にあらず。しかれども惜しいかな、四大洲中、有名の大国、なお遺漏（いろう）すること少なからず。或いは、ただ、その方境所在を記すのみにして、その国事に及ばざるものあり。これ当時、ローマの人(シドッチ)、その図の記せる和蘭の文辞に通ぜず。公(白石)も、また異方殊言を解せずして、全く伝訳することを得ず。かつ対話の和蘭人(コルネリス＝ラルダイン)は使期促迫なれば、また詳に、その説を告ぐるの暇なきのみ。むべなり。その精審を得ざること。しかれども公(白石)の学識卓絶にして、倭漢古今の事実を詳究するの余り、はるかに海外の事に及ぶ。その宏量遠大にして、広く訪い、遠く求むるの懇到なるにあらずんば、当時にして、何ぞこの撰あらんや。

昌永異言を読んで感ず

昌永、幼より輿地紀載の書を好む。かつて異言を読みて、その諸説の宏博にして、聞を新にすること多きを感ず。ただ、その紀事いまだ備わらざることを惜む。かつ、この書開彫刊本なく、数数、伝写を経て、魚魯亥豕の誤、また多し。つねに、これを校正増補するの心あり。故に数本を得て、これを校定し、その文義においては、やや、その訛字を訂正すといえども、西語においては、彼此紛紛として、そのいずれか是なることを知らず。爾後、西学に志を興す。

才助、磐水に入門

かつて磐水先生、和蘭の学に耽るときき、倒屐して、その門に入り、先生に従事して、その学を習い、年を積て、やや彼邦の書の門墻を窺うことを得たり。是に因って、諸の西書に因て、異言載する所を校考し、ついに私説をなして、これをその下に記し、また彼邦所刊のゼエ＝アトラス(Zee-Atlas)・コーラント＝トルコ(Kouranten tolk)二書、載する所の略説を訳して、各国の下に附し、また天明中(六年(一七八六))に、月池桂川君、かのいわゆる官庫所蔵の西図(ヨハン＝ブラウの地球図)の傍に載する各地略説の訳言あり。これ磐水先生も校正に与かるという。予(才助)も、また、その書を得て、これと参勘し、その他、諸書見るに随って、考鏡するに足るものあれば、また、これを次に附訳し、ついに十二巻を成し、これに冠しむるに訂正増訳を以てす。これ、いささか公(白石)の博済の高意を継がんとするの鄙衷なり。しかれども、予(才助)が短才譾劣(あさくおとる)にして、寡聞浅識なる、訳する所の諸説深く謬誤あらんことをおそる。後の識者、請う、これを考定せよ。」(カッコの中とよみがなは筆者記入)

と。才助は、『采覧異言』を、いくつも集めた。その中には、桂川元廉の識語のついたのもあったであろう。また『新安手簡』の中にあった土肥源四郎の手紙も見て、『采覧異言』が白石の絶筆だったことにも言い及んだ。しかし、その間の事情について、それ以上に詮索(せんさく)はしなかった。才助の研究は、『采覧異言』について、書誌学的な調査が目的ではなかったからであろう。

『訂正増訳采覧異言』のはじめに述べられた才助のこの言葉には、ひかえ目ではあるが、そこから白石の『采覧異言』を訂正し、増訳し得た才助の十分な自信を読みとることができる。

引用書目をつけた理由

才助は、この本のはじめに詳細な「引用書目」を作って、添えた。その理由書は、才助の性格と才助の学問する態度を教えるものとして興味深い。そこには、こういっている。

「一つには古人の説を攘(ぬす)んで、己(おの)が有とせんことを欲せず。一つには昌永が閲して、以て、この書を考証するもの、これに止(とど)まることを示して、他書の中、もし補入するに足るものあらば、博雅(はくが)の君子に望むことあるを以てなり。」

と。才助は、自分が『采覧異言』を訂正し、増補するに用いた本は、これに止まるといった。しかし、これだけのものを当時、山村才助をのぞいて他の誰が使い得ただろうか。

才助の引用書目の意義

才助の、この本につけた「引用書目」は才助の世界地理学の全貌を知るために貴重であるばかりでなく、十九世紀初頭の日本で、見ることのできた海外地理関係資料の全般を教えてくれるものとして、一層貴重である。煩(わずら)わしくても、これは、ここに紹介する必要がある。では、いったい、才助はどのくらいの参考資料を集めたものだろう。まず西洋の部から見よう。

才助の使った蘭書

万国航海図説　和蘭婦人ピイテル・ゴォス撰。図およそ四十一扇(せん)。

万国伝信紀事　入爾馬泥亜(ゼルマニア)国学士ヨハン・ヒブネルス撰。上下二編。和蘭国翻訳刊行。

万国海上全図　払郎察(フランス)国ベルリンの地所刊。その学士ブルウクネル撰。図およそ十三扇。

万国坤輿細分図　和蘭レグネル・ハン・ヨシュエ・オッテンス撰。図およそ六十三扇。

地球全図　和蘭国アムステルダムの地所刊。払郎察語を以てこれを記す。

同異本　同国同地所刊。
その国語（オランダ語）を以てこれを記す。

同異本　魯西亜（ロシア）国所刊。

万国輿地平面図　払郎察（フランス）国都把理斯（パリス）所刊。

地学初問 坤輿約説　払郎察国学士オステルハルト撰。
和蘭国翻訳刊行。

海国経緯度数譜　和蘭ゲラルト・ヒュルスト・ハン・ケウレン撰。

東洋諸国紀行　和蘭加比丹（カピタン）ウヲウテル・スコウテンス撰。

奉使支那行程記　和蘭加比丹ヨハン・ニイウホフ撰。

東西海陸紀行　同人撰。

西洋全史　和蘭ゴッドリイド撰。

払郎察（フランス）国王羅徳勿乙吉（ロデウエイキ）（イル）第十四世実録　その国人所修。和蘭国翻訳刊行。

和蘭略紀　払郎察国ピイテル・マアリン所撰。
言辞書第二十三篇。

魯西亜国志（ロシアこくし）　和蘭ヒリップ撰。

依蘭地（エイスランド）臥児狼徳（グルウンランド）地志　入爾馬泥亜（ゼルマニア）国ヨハン・アンデルソン撰。和蘭国翻訳刊行。

本草　入爾馬泥亜国医官レムベルトス・ドドネウス撰。同国カアロルス・キュリスレウス増。

医学宝函（ほうかん）　孛漏生（プロイセン）国医官ヨハンネス・ヤアコップ・ウヲイツ撰。和蘭国翻訳刊行。

学芸全書　孛漏生国学士エグベルト・ボイス撰。和蘭国翻訳刊行。

格致奇観（かくちきかん）　払郎察国ピイテル・ケレルク撰。和蘭国翻訳刊行。

格致問答　和蘭マルチネット撰。

和蘭字学正訓　和蘭ハックホオルド撰。

満刺加（マラッカ）字学書　和蘭ゼオルグ・ヘンリッキ・ウェルンデレイ撰。

羅甸（ラテン）釈辞書（しやくじしよ）　和蘭サミウル・ピチスコ撰。

同　和蘭ヨハンネス・デ・ウヰルデ撰。

払郎察釈辞書　払郎察ピーテル・マアリン撰。

同　和蘭フランソイス・ハルマ撰。

同　　　和蘭カスパリュス・ハン・デン・エンデ撰。

諳厄利亜釈辞書　和蘭ウヰルセム・セウヰル撰。

東西諸国商賈録　払郎察人某撰。和蘭国翻訳刊行。

以上三十二が西洋の部、横文字の資料。

才助は、漢土(中国)と本朝(日本)の本は、世に知られたものが多いので、作者の名を略して、書名だけをあげた。

才助の使った中国の書物

『坤輿全図』『艾氏万国図説』『西方要記』『坤輿外紀』『遠西奇器図説』『友論』『東西洋考』『物理小識』『天経或問』『大明一統志』『明史』『明紀全載輯略』『大清三朝実録』『大清一統志』『盛京通志』『龍沙紀略』『乾隆御製文集』『西域聞見録』『海国聞見録』『武備志』『真臘風土記』『安南志』『安南雑記』『安南紀遊』『本草綱目』『五雑俎』『池北偶談』『虞初新志』『広東新語』『獪園』『寄園寄所寄』『天中記』『通鑑』『三才図会』『太平広記』『酉陽雑俎』『嬾真子』『交州記』『鄭成功伝』『外国竹技詞』『大唐西

域記』

以上四十一が中国の部、漢文の資料。

『輿地図説和蘭ヨアンブラア撰。月池桂川君訳』『和蘭訳文略』『和蘭訳筌』『蘭言随筆』『和蘭説言解』『蘭学階梯』『六物新志』『一角纂考』『蘭畹摘芳』『鳶録』『魯西亜志』『魯西亜本紀略』『泰西輿地図説』『西洋地図略説』『万国名字考』『万国地名考』『奇々四大』『磐水夜話』『海上薬品記』『和蘭医事問答』『日本国属諸島図』『翻訳天地二図贅説』『噴揚私記』『大光紀聞』『亜媽港紀略』『伊祇利須紀略』『畹港漫録』『紅毛雑話』『万国新話』『蝦夷志』『蝦夷記』『北海随筆』『蝦夷拾遺』『蝦夷草紙』『東游雑記』『五事略』『新安手簡』『昆陽漫録』『異国往来』『亜細亜略説』『天学名目鈔』『華夷通商考』『長崎夜話草』『四十二国人物図説』『新修人物図説』『地球略説』『韃靼国漂流記』『宗心渡天物語』『渤泥国漂流記』『慶長年録』『砕玉話』『後太平記』『今昔物語』

以上五十三が本朝の部、おおよそ国文で書かれた資料である。東西合計一百二十五種の書物や地図の中には、いまはこの世から姿を消して、名だけ残ったもの

増訳に用いた原書

がいくつもある。各部とも、才助は『采覧異言』の訂正・増補に当って、もっとも重用した本を一番さきにして、以下順に並べたように見える。

西洋の部の最初にあげられた『万国航海図説』と、二番目にあげられた『万国伝信紀事』の二つは、さきにあげた才助の『采覧異言』訂正増訳の由来書(ゆらいがき)にも見えるように、訂正増訳のうち「増訳」の名が出て来るもとである。つまり、才助は白石の『采覧異言』に並べられた世界各国の説明を、この二つの資料に引きあて、そこに新知識があったなら、それを邦訳して、つけ加えた。このことを「増訳」といったのである。

才助がオランダ人のピイテル＝ゴオス Pieter Goos 女史の『万国航海図説』というのは、さきに『ゼエアトラス』といったもの。一六七六年にアムステルダムで刊行された図説のついた四十一枚から成る地図帖と推定される。またドイツ人ヨハン＝ヒブネルスの『万国伝信紀事』上下二編というのは、一七三二年にライデンで刊行された蘭訳本で、当時、蘭学者たちが『コーラント＝トルコ』といって、大いに利用した一種の簡明百科辞書（De staats en Kouranten-tolk of woordenboek

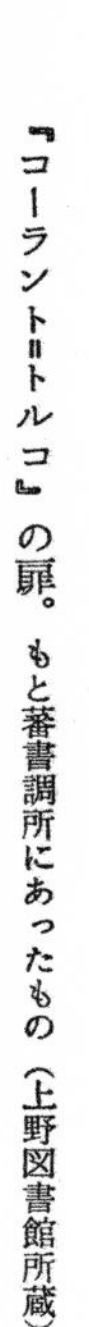

『コーラント＝トルコ』の扉。もと蕃書調所にあったもの（上野図書館所蔵）

時事解説書　新（訂）増補改訂版
別名　完輯現代史辞典（時局の歴史と政治辞典）
各種宗教・教会・階級・地域・王侯領・共和国・州・風俗・城塞（要塞と城）・道路・海域・里程・河川・港湾・山嶽・本土・森林・侯伯家（譜）系・騎士団・武備・議会および裁判所・文武官・海陸路程表・貨幣・度量衡単位表・諸指表・歩兵・砲兵・野戦攻城・建築・航海・船員服制・日常語・新聞用語・歴史奇譚および学術語の明快なる解説。ハムブルグのセント＝ヨハネ校長ヨハン＝ヒュブネルのドイツ語原版より特にオランダ連合国のために改変を加えて正確に編纂（輯・集）したオランダ版。
ライデン刊
サミュエル＝ルフトマンス（父子）書店（政府御用）。
1748 年。

en ongeleerden.）である。

『コーラント＝トルコ』の邦訳

森島中良は『万国新話』（天明五年（一七八五）刊）の中に、家兄の訳した『コーラント＝トルコ』の説を引用した。すなわち、中良の兄桂川国瑞（月池）に天明五年（一七八五）以前すでに、この『コーラント＝トルコ』の一部の翻訳があったはずである。また蜀山人大田南畝は、文化二年（一八〇五）二月二十二日のこと、長崎でオランダ通詞今村金兵衛から「カウランツトルコの四本は四大州のことを記せし蘭書なり。先のとし中川鎮台飛驒守忠英の命を奉じて、南亜墨利加を訳せしと」（『瓊浦雑綴』）いう話をきいた。そうして見ると、長崎でも、その一部が翻訳されたはず。年代は、すこし後になるが、渡辺崋山の自筆で写された『コウランツトルコ亜弗利加和解』（『海外事類雑纂』のうち）と、やはり渡辺崋山の蔵書だった『亜米利加志』（三冊）が、東京の上野図書館にある。これらは、いずれも、才助が『采覧異言』増訳に使ったのと同じ『コーラント＝トルコ』から抄訳されたものである。

『コーラント＝トルコ』

才助は、この書について「上編は地理・風土・官職・文物・制度等を記し、下編は物産・器財・百工・技芸等を記す」ものと説明した。そして、その後に、「以上二書を各国の下に増訳す」ることを注意した。この本は東京の上野図書館にその上編が、また宮城県立図書館に上・下二編が伝わっている。

才助がここで使った蘭書については、岩崎克己氏の『引用書目より観たる舶載洋書』其一に、「訂正増訳采覧異言引用書目考」という労作があるが、これは残念ながら、岩崎氏の私稿で、一般には容易に見られない。そのことを一層詳しく調べるためには、『西洋雑記』の話の所であげた同氏の「山村才助の著訳とその西洋知識の源泉について」（雑誌『歴史地理』七七ノ四）の研究を見るとよい。

才助の使った中国資料は主に耶蘇会士の著作

才助の使った中国の資料について見ると、そのはじめの五つは明の末期から清の初期にかけて、中国にいた耶蘇会士の著作である。漢籍とはいっても、いずれも西洋人の書いた本である。最初にあげた『坤輿全図』は利瑪竇の『坤輿万国全図』(一六〇二年刊)のこと。新井白石は、この利瑪竇の世界図によって、『采覧異言』の組織を考え、世界地理の体系を立てた。才助がまた、この地図を重要な資料にしたのも、もっともなことだ。

二番目の『艾氏万国図説』は艾儒略の『職方外紀』(一六二三年刊)のことである。どうしたことか、白石はこの『職方外紀』を見なかった。才助が、これを基礎的に研究して、利用したことは、才助が白石を追いこす一つの原因だった。『西方要記』と『坤輿外紀』は、すでに紹介した。

桂川甫周の『輿地図説』の原図の話

本朝の部の最初にあげられた桂川月池の訳したヨアン＝ブラウの『輿地図説』は正式には『新製地球万国図説』(天明六年(一七八六)訳)という。

宝永六年(一七〇九)十一月二十五日のことであった。新井白石はローマから来たヨハン＝バッチースト＝シドッチと、城北小石川の「きりしたむ屋敷」で、二度の対面をした。その時、白石は奉行所にあった和蘭製の「万国の図」を持ち出した。

シドッチは、これを見て、「この図は、七十余年前に作りし所にて、今は、彼国(かの)にも得やすからぬ物なり。ここかしこ、やぶれしこと、惜しむべきことなり。修補して、後に伝えらるべし」などといった。その地図は和蘭の地図製作者ヨアン〃ブラウがアムステルダムで刊行した大地球図である。いつ出版されたものか、地図上には記されてない。しかしこの地図に関しては中村拓(ひろし)博士に「本邦に伝わるブラウ一世界図について」(『地理学史研究』第一輯)という立派な研究がある。中村博士の調査された所では、この東京国立博物館にある白石の使ったブラウの大世界図は、一六四八年の初版本と推定されるそうである。そして現在は、東京国立博物館所蔵のものが世界で、ただ一つの完全図だそうである。

桂川の訳には玄沢も協力

月池桂川甫周が訳した『輿地図説』というのは、白石とシドッチ対談の時に使われた「万国の図」の中に記入された和蘭語の説明文であった。すなわち、現に東京国立博物館珍蔵の“NOVA(新) TOTIVS(全) TERRARVM(地) ORBIS(球) TABVLA(図)”と題するブラウ世界図の図説というわけである。この地図の翻訳には大槻玄沢もあずかったところから、この本に、才助は特別の親しみを持った。才助が、本朝参考書の劈頭に、この書の名をかかげたのには、そういうわけがあった。

天地二図贅説

才助が使った日本の資料の中に『翻訳天地二図贅説』というのがある。この本は、長崎の学者北島見信が長崎奉行所の命によって、元文二年(一七三七)に翻訳したもの。原書はドイツ生れの天文学者ヨアンネス＝ヘヘリウス Joannes Heveleus 1611-1687 が一七〇〇年に著わした星図と地図であった。見信の邦訳は上中の二巻だけがあって、下巻はない。中巻にヨーロッパやアジア州と相対して、大日本州(Fortis Yamato)を建置しようという論を提唱した。この本は流布のせまいもので、才助のほかには、大槻玄沢・近藤正斎・橋本左内ら、わずかの人人の眼に入っていただけだった。

漂流記を使う

また才助は、漂流記などにも注意をはらった。当時、漂流記は、無学の舟人の話で、あまり信用のおけるものではないとされた。ところが、実は、実地の見聞を、素朴ながら、ありのままに物語ったもので、海外渡航を禁ぜられた鎖国時代の日本人にとっては、またと得がたい実証的資料であったはずだ。才助が、漂流記を使ったことは、その価値を正当に評価したからであろう。近藤守重(もりしげ)に加えて、わが山村才助を初期の漂流記理解者としておきたい。

『訂正増訳采覧異言』の組織

『訂正増訳采覧異言』は、はじめに序・凡例・引用書目・目録(全巻目次)に、白石の『采覧異言』の序と凡例と総叙ならびに、その考証を添え、その後に地図をまとめて、一冊とした。

序文を寄せた杉田紫石

序は、さきにあげて書き下した「磐水(ばんすい)平(たいらの)茂質(しげかた)(大槻玄沢)」の文と、文化改元(一八〇四)四月一日に書いた「若狭医員　紫石杉田勤」の文が載せてある。この杉田紫石は杉田玄白の養子。その父は一関(いちのせき)(岩手県)藩医建部(たてべ)清庵(せいあん)。紫石は安永七年(一七七八)十六歳の時、杉田家に養子となり、寛政元年(一七八九)玄白の長女せんと結婚し、文化十四年玄白

地図と説明文も才助の自筆。（半面 19 cm×14 cm）

『訂正増訳采覧異言』所収の「欧羅巴洲輿地図」

他界の後をとって、杉田家を継いだ。

地図の部

地図の部は「地球略全図」六枚、「欧羅巴洲輿地図」五枚、「亜弗利加洲輿地図」一枚、「亜細亜洲輿地図」四枚、「南亜墨利加洲輿地図」一枚、「北亜墨利加洲輿地図」一枚、合計十七図からなっている。

この地図は『万国航海図説』はじめ、いくつもの西洋製地図を参看して作ったもの。幸いに、才助自筆の地図が、いま残っている。これを見ると、当時、最も新しい西洋原図をとってこれに考証を加え、これを精密に写し、地名を邦訳し、色を施(ほどこ)し、図説を記入した。実に立派な地図帖になっている。日本人の作った外国地図で、この前後に、これだけの善図を他に見ない。この地図も、また、このころ才助をおいて、何人(なんぴと)も作り得ないほどの精図だ。

地図に対する才助の期待

才助は、この地図について、

「原本(白石の原著)もと地図なし。いま西刻の地図によって地球全図および地球南北半球等の図を摸写して、これを輿地総叙の下に附し、また四大洲（ヨーロッパ・アフリカ・アジア・アメリカ）の各図を別巻となして、この書を読む時、相照して、覧るに便ならんことを欲す。ただ恨むらくは、幅小にして、その各地の山川・名勝・都城・海港等、悉く載することあたわず。地理に志ある人は、よろしく西刻の地図について、これを詳にすべし。」

といった。

地図の意義

この地図は地理書としてのこの本を近代に近づけた。そして、白石の原作を、はるかにしのぐものとならしめた。また、才助は、この書を読む時の便をはかって、地図を別冊にしたといった。これは、日本の地理学史上に一時代を区切ることだ。人間生活の場所的構造を叙述する地理の書は、知識の空間的場所的表現に任ずる地図的なものから出発し、それに文章による説明を加えて行った。地理を説く文章と地図が一体になっているのが、地理書或いは地図の原形である。それが、人間生活が複雑になるに従って、説明を要することが多くなり、地図と説明は、ついに分離せざるを得なくなった。

日本の世界地理書は才助の『訂正増訳采覧異言』に至るまで、地図と説明とを別々にしなければならないほど豊富ではなかった。ところが、才助の『訂正増訳采覧異言』に至って、地理書と地図とは相対して独立を宣言した。日本地理学史は、山村才助によって、一段高い段階に登らされ、近代へ一歩近づいた。

本文のわけ方

『訂正増訳采覧異言』の本文は、これを十二巻にわけた。第一巻から、第四巻までをヨーロッパ州地誌にあて、第五・六巻をアフリカ州地誌にあて、第七・八・九・十巻をアジア州地誌にあてた。ただし、第九巻では南方諸島を扱ったが、そのおわりに「新和蘭地（オッランデヤノオハ）」の項を設けて、いまのオーストラリアほか南極諸地を説明した。第十一巻と十二巻をアメリカ州にあて、主に第十一巻に南アメリカ州を入れ、第十二巻に北アメリカ州を書いた。

この順序は、新井白石の『采覧異言』を全く、そのまま追ったまでである。

才助の按文

才助は白石の原文を忠実にあげて、その後へ、引用書目に見える一百数十の参考資料を縦横に駆使しながら、「昌永按に」として、たくさんの按文を載せた。「昌永按に」と書いた所は、読んでおもしろいというものではないが、いずれも才助の考えを述べた学術的なものである。この部が、この本に「訂正」の名をつける所以となったもの。この才助の按文は、一点一画をゆるがせにしない批判と考証による近代科学的な論述で、この才助の大著述に通った黄金の脊骨である。

才助の増訳

才助は白石の原文の誤りを訂正し、新しい解説を加えおわると、こんどは、それを『万国航海図説』と『万国伝信紀事』に照合し、そこに新知識があれば、これを邦訳して、添えた。この部を「増訳」といった。才助は「増訳」について、更に別の知識をとらえると、また、この「増訳」の後に「附」と記して追加した。この「増訳」とその附録にもりあげられた新知識は、また、当時才助をおいて、他にこれを求め得られぬほどのものだった。

おおよそ、全巻を通じて、この本は世界地誌概説と称してよかろう。しかし、もちろん、数理地理学的な論述もないわけではない。その一例として、白石の天動説に対する才助の地動説をあげておく。新井白石は、「地球は鶏の卵のようなもので、その黄身が地球、白身が天空に当る。その白身に当る天は黄身に当る地の外を旋転して止まない。黄身に当る地は白身に当る天の中に凝って、確定して動かない」といった古い天動説を『采覧異言』の「輿地総叙」の中に書いた。

才助は、これに対して、「近世、西洋の説は、日は天の中心に在って、地は天をめぐる。一転するを一昼夜とし、三百六十転するを一歳とす。その他、月および五星も、みな、おのおの一つの地なりといえり。そのこと撲乙斯 Buys, Egbert (名人)が学芸全書等に載する所、極めて精詳なり。しかれども、この説、新奇なれば、窮理に心を用るの人に非ずんば、必ず疑って、尚書考霊曜にいう所の游地の説と同じく、これを怪しまん。しかりといえども、西洋窮理の学の精密にして、測出する所のごとき、何んぞ考霊曜と同日の談ならんや。」と書いた。

大地四游説

『尚書』は中国の古典。その緯書『考霊曜』に、大地四遊の説というのがある。当時、人人は西洋から伝わった地動説をきき、それは『考霊曜』の大地四游説と同じものだといい、奇怪、人を驚かすの説となした。才助は、このような幼稚な混同をしりぞけて、西洋科学の測出した結果を教えたわけである。もっとも、西洋の地動説をわが国に紹介したのは、才助がはじめてではない。その点では司馬江漢などの方がはやい。

『東音譜』

才助は、『訂正増訳采覧異言』の本文十二巻をおわって、その後に『東音譜』一巻をつけた。この本は享保四年(一七一九)に新井白石が著わしたもの。これについて、才助はこういった。

「源公(白石)の東音譜を著わすは、異言を読むに便ならしめんがためなり。故に原書の凡例中にも譜の事をいい、東音譜の凡例中にも、この書は異言を記すがために作るとあり。よって、いま東音譜をこの書につけて、以て観に便(たよ)りす。」

と。この本は五十音を順にならべて、西洋式の言葉の発音方法を教えたものである。これには才助の手が加わっていない。

才助新著を玄沢と杉田紫石に呈す

才助は、蘭学をはじめて以来の念願であった『采覧異言』の訂正増訳をおわって、これを、まず恩師大槻玄沢に捧げた。その第一巻には「磐水大槻先生閲　江都山村昌永子明著」とした。その後、これを更に蘭学の友人杉田伯元(紫石)に呈した。

才助、柴野栗山に面会

伯元は、漢学の師柴野(しばの)栗山(りつざん)に会った。談たまたま山村才助に及び、その『采覧異言』訂正増訳完成のことを報じた。これが機会になって才助は伯元の紹介で、栗山に面会できた。もちろん、才助は『訂正増訳采覧異言』を持参して、これを栗山の前に並べた。栗山は、これを見てそのでき栄えを、韙(よし)とし、著者の奇才を認めた。そこで、栗山は、才助に、この書を幕府に呈して、天下図籍の補いとするようにしたらどうかと奨めた。もちろん、昌平黌(しょうへいこう)の教官たる栗山が、その労をとろうというのである。才助の得意と感激のほどもいかにや、というところてある。才助は、栗山の殊遇（しゅぐう）に深い光栄を感じ、ただちに新著『訂正増訳采覧異言』の謄録（とうろく）にとりかかった。才助は、自らていねいに筆写しながら、誤字を改め、訂正を厳重にした。でき上った一部を幕府に進呈するために、才助は一層の正確を期して、紹介者杉田紫石に、これが校正と序文とをたのんだ。これは、おそらく、享和三年（一八〇三）春三月のころのことであろうか。

才助新著を幕府に進呈

紫石も才助の申し出をこころよく引きうけた。やがて、紫石の校正もすみ、序文も寄せられた。時に文化元年（一八〇四）、才助三十五歳の四月一日であった。才助が蘭学をはじめてから、実に十五年の歳月が流れた。こうして『訂正増訳采覧異言』は最後の仕上げが完了した。今日に伝わる写本は、この時の成稿を基本にしたもので、たいてい杉田紫石の序文のついたものである。才助の大著が完成に近づいていた頃、土浦藩主土屋英直が死んだ（享和三年）。そして、その子保三郎寛直が享和三年十月に襲封して、左門と称した。藩士としての才助は、この頃、多事であったに相違ない。

文化四年（一八〇七）の初夏のころ、大槻玄沢は、かねて編輯中だった仙台漂民の漂流記『環海異聞』を完成して、仙台藩侯に提出した。その序文の中に、「近来、茂質（玄沢）が呈して、御蔵となりし増訳重訂采覧異言に詳説あり。参考して、その詳なるを得べし。」といった。杉田紫石が柴野栗山を通して、幕府に進呈した時と、前後して、才助の『訂正増訳采覧異言』は

玄沢『訂正増訳采覧異言』を仙台侯に呈す

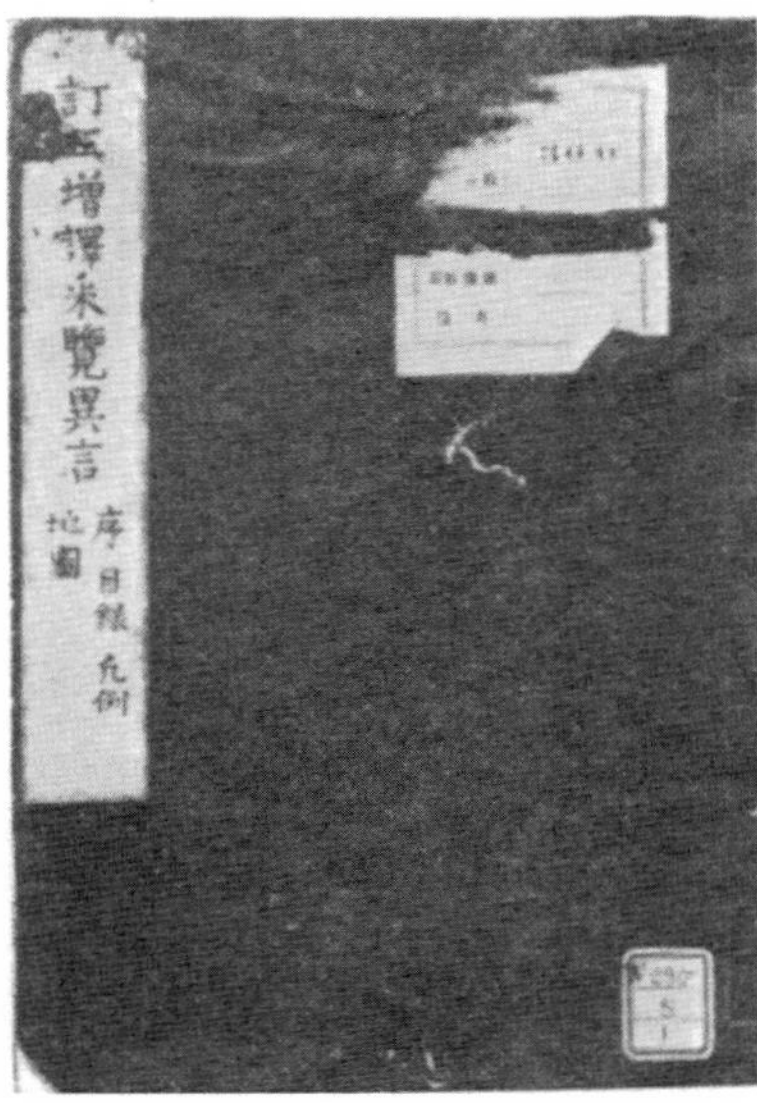

も本文も共に才助の自筆。

大槻玄沢の手を経て、仙台侯へも献呈されたはずである。

才助の力作は、漸く世界史の波に洗われようとする国際情勢の中におかれた鎖国日本に投ぜられた。

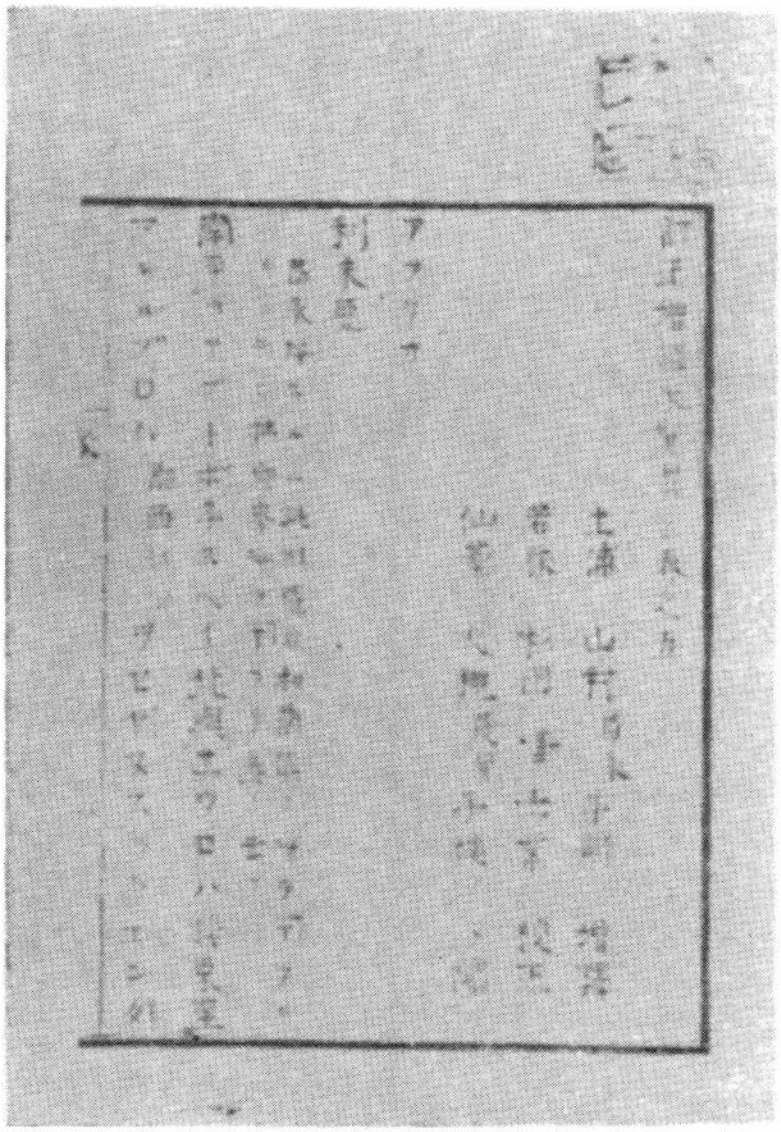

『訂正増訳采覧異言』題簽

『訂正増訳采覧異言』は心ある人人の間に、つぎつぎに写し伝えられた。この本には、学問界・思想界の敵も味方もなく、だれもが敬服するほかはなかった。

『訂正増訳采覧異言』によせた吉田令世の評

水戸の学者で、蘭学ぎらいの吉田令世は、文政九年(一八二六)に書いた『声文私言』という本の中に、こんなことをいった。

「大方の蘭学者というもの、無識の人多ければ、その訳せし書も、或いは薬方翫好などのもの多くて、まずは無用に属せり。その中に、土浦の山村昌永が采覧異言増訳は、きわめて有用の書なり。かの人、幸いなくして、早く身まかれるは、おしむべき事たり。」

と。ほんとうに、そうだ。世には、昔も今も怪しげな本が、少なからず出版されているのに、才助の生涯をかけた、この労作は、いまだかつて、一度も出版されたことがない。日本の学問の歴史上、まことに「惜むべきことなり」といいたい。

八　ひきつづき『大西要録』を翻訳する

才助は『采覧異言』の訂正増訳の時に、『万国坤輿細分図』というものを使った。この地図は和蘭のレグネル＝エン＝ヨシュア＝オッテンス Ottens, Regnier en Josua の著わしたもので、およそ六十三図からできていることが記るされた。

才助『大西要録』を作る

才助は『訂正増訳采覧異言』の最後の仕上げをしている間に、この地図の一枚を翻訳した。静嘉堂文庫に、もと大槻文庫から出た才助自筆の『大西要録』の稿本一冊がある。はじめに「東洋後学山村昌永子明翻訳」とあって、才助の訳稿であることに相違はない。

「この書は原と、和蘭の都会の地アムステルダムにおいてレグネル＝エン＝ヨシュエ＝オッテンスという人、所刻の万国全図中、所載なり。原図、およそ百余扇。その初めに各国州郡の分図・城邑・寺観・軍営・街道等を詳にし、また西洋の古来地理沿革図、また他の三大洲の図等、その詳尽なること、真に一奇物と称すべし。その中に欧羅巴洲十四大国の冠制および識号の図一扇あり。その下に総州の大略、各国の分州界彊および時王の名号を記す者ありて、略一洲の大要を識るに足れり。故に、今、その諸国の冠制・識号の図を摸写し、その所載の略説を下に附訳し、以て考証に具うるのみ。」

享和三年三月『大西要録』成る

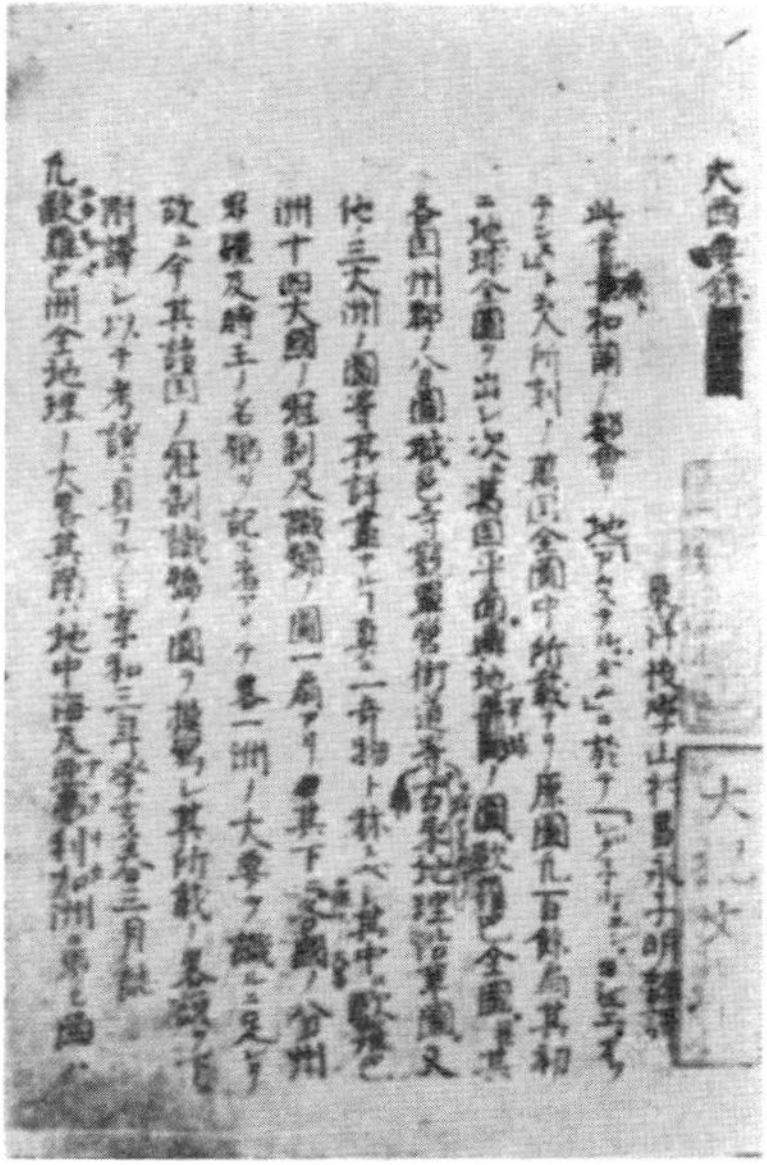

『大西要録』の序文。才助自筆本
（静嘉堂文庫所蔵）

才助は、この『大西要録』について、こう説明した。才助のこの本の序文にあたる一節は、「享和三年（一八〇三）癸亥春三月誌」したもの。これは、この本のでき上った時を教える大事な文字である。

この本は、才助が、はじめに注意したように、ヨーロッパ州中の帝国と王国をあげ、その国都のある所を記し、諸国識号の図を原図に忠実に、ていねいに摸写し、その後に、その国々の歴史と地理を概説したものである。

諸国識号とは

才助は、この本でも、「永按に」として、才助自身の考えを、さしはさんだ。原図翻訳のところより、才助の按文の方がおもしろい。ところで、「諸国識号」というのは何か。才助の説明をきこう。

「およそ識号は本邦の紋の如きものにして、これを以て旌旗(はた)ならびに舶の幟・牌ならびに銭文等、諸物に用ゆるなり。この書、所載のほかに、なおヨーロッパの諸小国・州・郡ならびにアジア西辺の諸国・利未亜洲(今のアフリカ州)の阨入多・亜毘心域等の国、またこれありて、その数、きわめて夥し。詳にヒブネルス著す所の書に見ゆ。」

双頭の鷲の識号

才助は「帝国魯西亜」の双頭の鷲の識号について、こう語る。

「永按。魯西亜の識号、両頭の鷲を用ゆること、入爾馬泥亜の識号の如き者は、これ昔し魯西亜の国王バシリウス＝イワノイスなる者、入爾馬泥亜の帝と交を結ぶこと、きわめて親しくして、兄弟の如く、千五百一十四年を以て、入爾馬泥亜の帝より封を受て、東方の帝となり、子孫永世相異わざるの約を誓う。この時、両頭の鷲紋も、ま

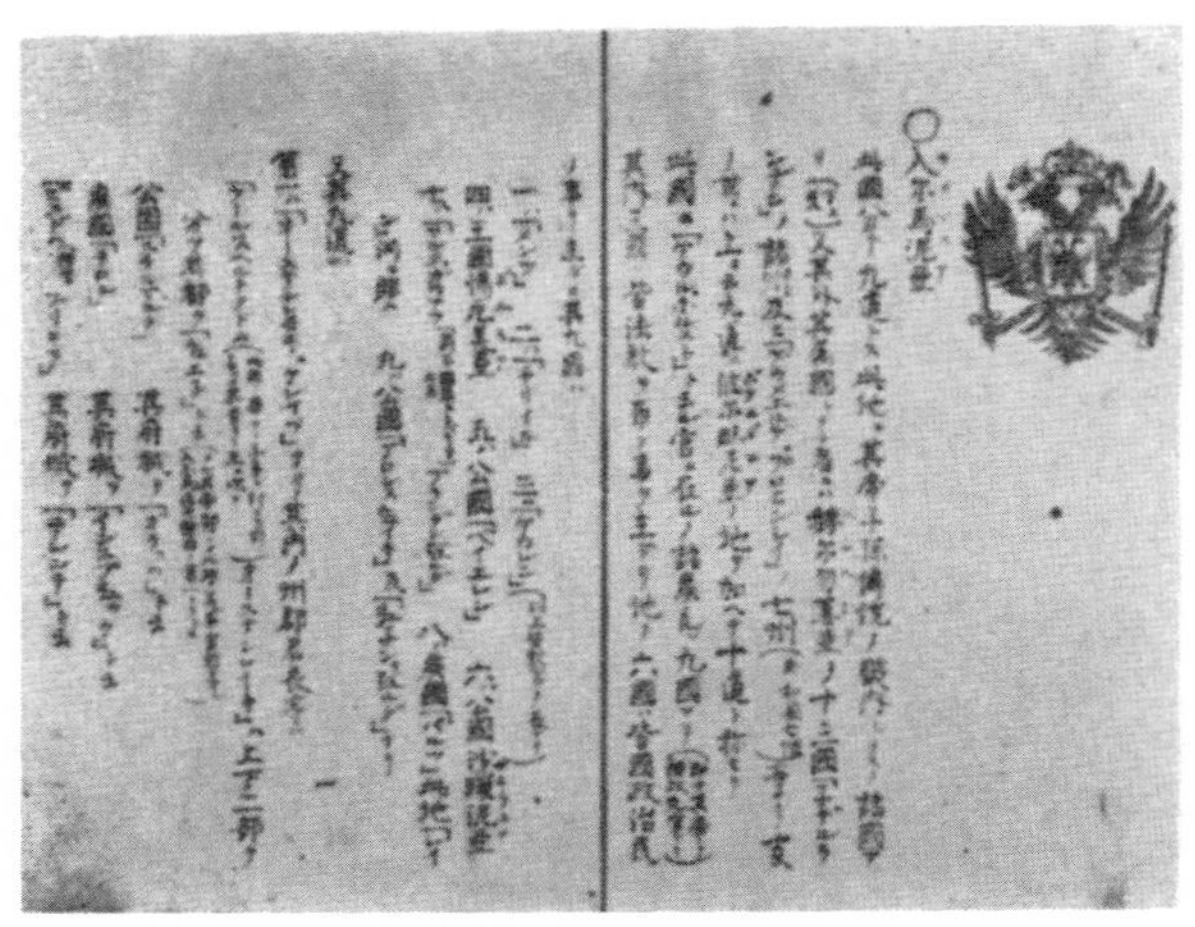

『大西要録』ゼルマニアの条。双頭鷲の絵。才助自筆
(静嘉堂文庫蔵)

た彼国より伝えたるなりという。鷲の右に持つ笏の如きものは、レイキス＝スタフと名くるもの。左に持つ珠の如きものは「イキス＝アップと名くるもの。共に王者の所持にして、国宝となすものなり。中央駿馬の小印は、これ本国魯西亜の識号なり。」

と。いかにも、博識の才助の按文である。もう一つ、才助が書いた、あちらの大学についての按文を紹介しよう。

この本のイギリスの部に有名な

オクスフォード大学とケンブリッヂ大学のことが出て来る。すなわち、「大蒲里(ゴロオトブリ)答尼亜(タニア)は所属三部あり。乃ち(すなわ)諳厄利亜(アンゲリア)・思可斎亜(スコシア)・意而蘭大(イルランド)なり。」そのアンゲリアに「二所の大学校あり。そのオキスホルドにあるものは、八百七十二年に建(たつ)る所。そのカムブリッツにあるものは、千二百五十六年に建(たつ)る所」というのである。

才助は、ここに、

「永按(えいあんずるに)。およそヨーロッパ洲、学校大小の別あり。小学校は各国の州郡、みな、これありて、その地の学徒に便(たよ)りす。ここに、いうものは、みな大都会の地の大学校にして、ここに入って、学成(がくな)って後、官に進むなり。下の大学校というもの、みな、これにならえ。」

と、按文をつけた。有名なオクスフォード大学とケンブリッヂ大学をとらえて、あちらの学制と大学校とは何なのかを簡単に教えたわけだ。

この本に、才助は『大西要録』と名づけた。原書は、一七三〇年にアムステルダムで刊行されたもので、その表題は"Atlas"或いは、この主題アトラスに云々(しかじか)の説明をした副題がついた別版のはずである。だから、この書名は才助が原図から翻訳したわけではない。これは才助の頭から出た名前である。才助の邦訳本は、もとの地図帖とは、およそ形の変った書物になった。そこで、才助は、大西すなわちヨーロッパの歴史や地理の要点を録した、この本の内容を、率直に書名にして『大西要録』とはしたものであろう。

幕府に進呈用の『訂正増訳采覧異言』が才助自身の手で謄写されおわったのは、享和三年(一八〇三)春三月のことと思われる。とすると、この『大西要録』は、その『訂正増訳采覧異言』と、殆んど同時にでき上ったことになる。この前後両三年は、やはり、才助の生涯における最も実(みの)り多き秋(とき)というべきである。

しかし、この『大西要録』も、また立派な内容を持ちながら、公刊のことはなかったし、あまり世人にも知られなかった。わずかに、近藤守重(もりしげ)の『辺要分界図(へんようぶんかいず)

人のあまり知らなかった『大西要録』

考』巻の七と、筆者の手もとにある幕末、外国関係資料を雑綴した素性不明の写本に、その引用文を見出すのみである。このことは、もう一度、後で書くことにする。

九　杉田玄白から原書をかりて

『新訳東西紀游』を訳す

芝山公

享和三年は才助の蘭学生活に実り多い秋だったといったが、ひきつづき、この年の夏からはじめて、才助は、もう一つの翻訳を一冊にまとめた。

このころ、大槻玄沢の所へ、玄沢と日ごろ親しくしていた芝山源三郎がオランダ鏤版の男女人物図三十一葉を持って訪れた。この芝山源三郎は、当時蘭学者たちの書いたものの中に、時々芝山公とか芝山館などと呼ばれて出て来る人。寛政八年（一七九六）江戸の小普請組頭になったと伝えられる、蘭学ずきの幕臣であった。

芝山公の持って来た人物図

さて、この芝山の持参した人物図は、惜しいことに何かの本の残欠で、その原本が、どんなものかわからなかった。

玄沢は芝山公の依頼をうけて、この人物図を、さきに才助の著わした『訂正増訳采覧異言』に引き合わせて見た。すると、その人物の大部分は、才助の異言の中に見えるものだった。そこで、玄沢は芝山公のために、才助を呼んで、人物図の説明表を作らせた。才助の『訂正増訳采覧異言』の中に求められないものは、これを別にとり出し、蘭書について訳を補わせた。これを、その人物図の傍らに略記して、玄沢は芝山公のもとめに応じた。芝山は、これに味をしめて、また別に『パタゴニア地誌』にのせた長人図とニュイホフ Nieuhof, Joan の『東西紀行』の中の印度諸島ならびにアメリカ地方の人物の説を、才助にたのんで翻訳してもらった。芝山は、これをさきの人物三十一図の後につけた。この補遺によって、いまだ完全とはいえないまでも、この人物図は頗る備わるに至った。

『万国人物図略』出来

この話は、大槻玄沢が、芝山公の依頼をうけて、才助に作らせた『万国人物図略』に寄せた文化元年（一八〇四）の序説に出ている。

ついでながら、この人物三十一図は、もとの銅版画と見まごうばかりの巧妙な摹写となって、『蛮国人物図』と名づけられ、いま早稲田大学図書館にあることを報告しておく。

芝山源三郎のこと、またこの『蛮国人物図』のことについて、もっと知りたい人は、岡村千曳氏の労作『紅毛文化史話』をごらんになるとよい。

ヨハンニイウホフの『東西紀游』翻訳

さて、才助に『新訳東西紀游』或いは『若望臏烏福弗東西紀游』という訳稿四巻二冊が現存する。この訳稿は、才助が芝山源三郎から人物図説翻訳の依頼をうけた時、ついでに訳されたものらしい。

才助は、この訳稿と、その原書について、こう書いた。

「永按ずるに、この二書、もし、この邦にて、これを全訳せば、およそ百余巻をなす

才助、杉田玄白から『支那紀行』を借りて読む

べし。この撰者、外国を経歴すること、およそ三十年の間、始終一のごとく、力を用ゆることの間断なきに非ずんば、いかんぞ、此のごときことを得んや。昔、ローマの人、かつて外邦に游て、その紀行書ありしよりして以来、ヨーロッパ洲諸国の人、みな至る所ごとに、その紀事の書あること、古今、けだし、幾百千人にして、その、かくのごとくに、所レ過の国土を詳にして、その図説等をなす者は、みな後来の人、その地に至る者のために便あらしめんことを要し、一には、その殊方、異俗を察し、聞見を広めて、格物・窮理の一端となさんことを欲す。その人事のごとき、彼が長を採て、以て、わが短を補って、政化を裨くべく、その物産のごとき、わが多きものを以て、他の珍なる物に換えて、国用を富すべし。これみな、その国に功あらんことを欲するが故なり。敢て、漫然として、その閑暇を消するがために録して、以て、玩弄に供するものには非ず。真に、それ勤めたりというべし。癸亥(享和三年一八〇三)の夏、その支那紀行の書を、杉田先生より借りて、これを読む。また頃日、芝山公、万国諸図彙、上木(出版)の挙あり。予(才助)に命じて、その東西海陸紀行の中、所載の人物の図説を訳せしむ。因って、二書を合せ閲して、深く、その撰者の心を用ゆることの間断なきを感ず。

ここにおいて、二書所載の諸国の地理・風俗・物産の類を採って、略〻これを訳して、一編をなし、命じて、若望賦烏福東西紀游という。以て、考証に備う。その全訳のごときは、なお他日を俟つものなり。」

東西紀游成立の時

才助の、この記には、この本ができたのが何時であったか書いてない。しかし芝山公にたのまれて、人物図説を訳したことなど、さきに見た享和三年(一八〇三)の大槻玄沢の言葉と全く一致するので、才助が杉田先生からその原書を借りて読んだ癸亥の年、すなわち享和三年(一八〇三)夏ごろから、さほどの日月を経ずに訳了したと見てよかろう。

享和四年は、その二月十一日に改元され、文化元年となった。才助の『訳新東西紀游』は、およそ、このころまでには、できていたと見たい。

この本の総叙

才助の訳した、この本の総叙は、原書の由来を教えて、なかなかおもしろいので、ここに出しておく。(割註は、小活字以外は原註である)

ヨハンニイホフ北京に赴く

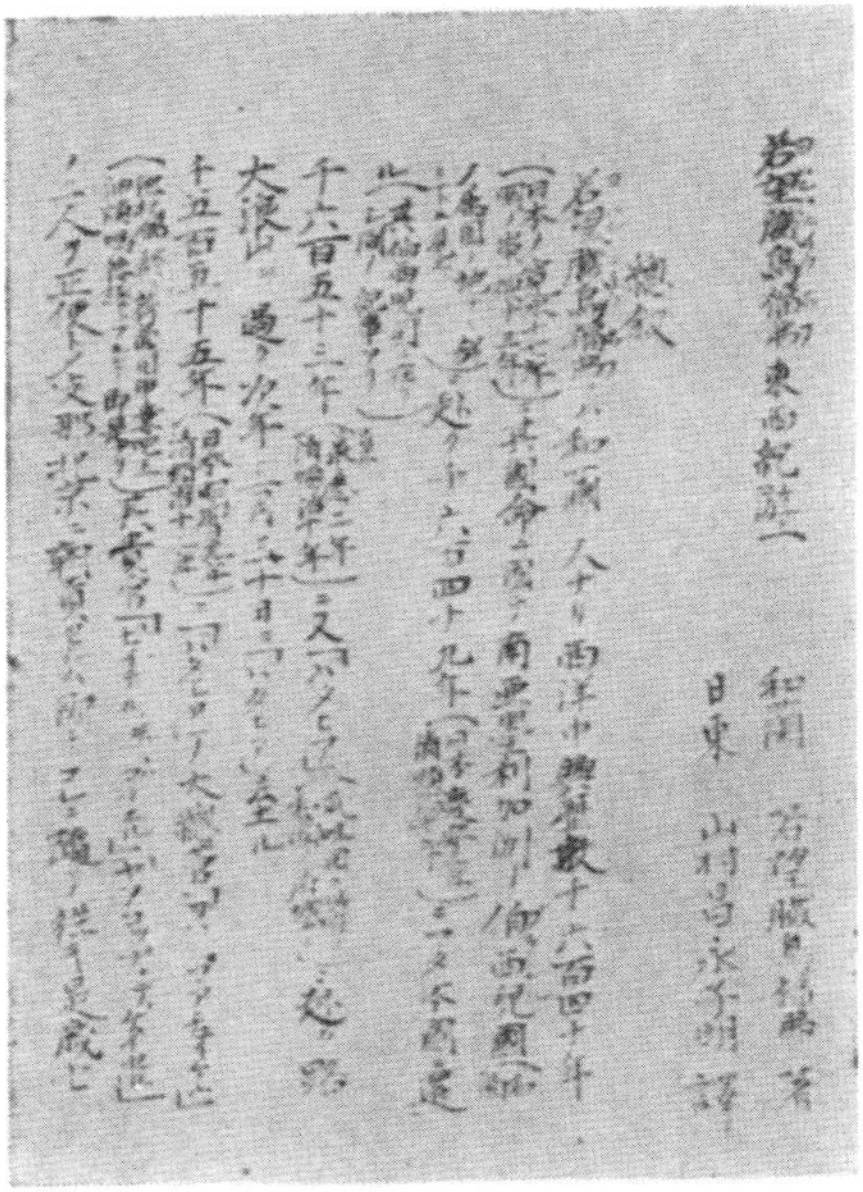

『東西紀游』第一紙
巻五(187ページ)と書名がすこしちがっているのに注意。

「ヨハンニイウホフは和蘭の人なり。西洋中興歴数千六百四十年（日本の寛永一七明の崇禎一三）に、その国命によって、南アメリカ州のブラジル国に赴く。千六百四十九年（日本慶安二清順治七）に、また本国に還る。

千六百五十三年（日本承応二清順治一〇）に、またバタビア（瓜哇（ジャワ）国に所在の和蘭の府城なり）に赴く。路、大浪山（今の喜望峰）を過ぐ。次年三月三十日にバタビアに至る。

千六百五十五年（日本明暦元清順治一二）にバタビアの大総官ヨハン＝マアチュイケル、その貴

ヨハンニイホフ『支那紀行』を書く

官ピイテル＝デ＝ゴイエル、ヤアコップ＝デ＝ケイセルの二人を正使として、支那北京に朝貢せしむ。すなわち、これに随って往き、この年七月十四日にバタビアを出帆して、九月四日に支那の広東府に至り、明年五月四日に南京に至り、七月十六日に北京に至る。すなわち、北京の帝に貢を献ず。帝よりヨハン＝マアチュイケルに詔書を報じ、また、その入貢の諸使人に物を賜うこと差あり。すでにして、北京を発して、十一月二十一日に南京に至り、明年(順治一四 一六五七)二月、広東に至り、三月二十一日にバタビアに帰帆す。その間バタビアより、北京に至るまでの往来行程を詳に記し、また支那の官職・文物・法教・制度・山川・地理・風俗・物産ならびに歴代帝王沿革等を詳にして、これを大総管ヨハン＝マアチュイケルに上つる。すなわち、その書を本国に送って、アムステルダムの書肆ヤアコップ＝ハン＝メウルスに付し、かつ、城邑・物産・技巧・諸国を加え、刊刻して、世に行わしむ。

その書、行程の記ならびに所過の城邑・村落・寺観・山水等の諸図、これを上編とし、支那の国事を記し、ならびに図を加うるもの、これを下編とす。千六百六十五年(日本寛文五 清康熙四)に、これを刻するものあり。また、これより印度諸国を経歴す。千六百六

ヨハンニイホフ印度諸国をめぐり紀行を書く

十一年（日本寛文元 清順治一八）に倶藍（クウラン）国の役に従って、ポルトガル国人と戦って、大いにこれに勝ち、倶藍（クウラン）の都城を取る。すなわち、この国の都督に任じ、留って、この地を鎮守す。数年を歴（へ）て、擢（ぬきん）でられて、本国に還える（時に千六百七十一年のことなり）。その間、大浪山・ジャワ・シュマタラ・モリュクの諸島、ペルシア国の海辺、忽魯謨斯（オルムス）諸島、印度の南地、コロマンデル・マラバルの諸国、その他、満剌加（マロカ）・大泥（パタネ）・若耳（ヨル）・パハンの諸国また澎湖（ボウコ）・台湾等に至るまで、至る所ごとに、その度数を測（はか）り、かつ、その山川・地景・風俗・物産ならびに海陸行程の記および諸図あり。すなわち、その先に記すところのブラジルの国事を記すものを上編とし、大浪山および瓜哇（ジャワ）以下の諸国のことを記すものを下編となし、東西海陸紀行と号す。すなわち、またアムステルダムの書肆ヤアコップ＝ハン＝メウルス、千六百八十二年（日本天和二 清康熙二一）に、これを刊行するものあり。」

今残っている才助の邦訳本

才助の邦訳本で、今日残っているのは、どうしたことか、その巻一と巻二と、そして、巻五と巻六の合計四巻だけである。巻三・四は欠けて見えない。

西方紀游

目録には、第一に「西方紀游」をあげ、この部に伯西児（ブラジル）国・ヘルヂナンド島・

聖多黙島(シントトウマス)・フラアムス諸島をあげた。しかし、現在残っているのは「伯西児」を上下にわけて、上が巻一、下が巻二となり、他の三項を欠く。

目録には、第二に「東洋紀游」をあげ、その下に大浪山(タアフルベルク)・シントピンセント島・シントアントニイ島・聖依(シントイ)勒納(レナ)島をおいた。そして、第三に「支那紀游」をあげ、その下に支那行程記・支那統志・バタビア・安南国・阿馬港(アマカオ)、朝鮮国・莫臥児国(モゴル)・喇嘛(ラマ)国をおいた。しかし、いま残っている『東西紀游』四巻の中には、これがない。

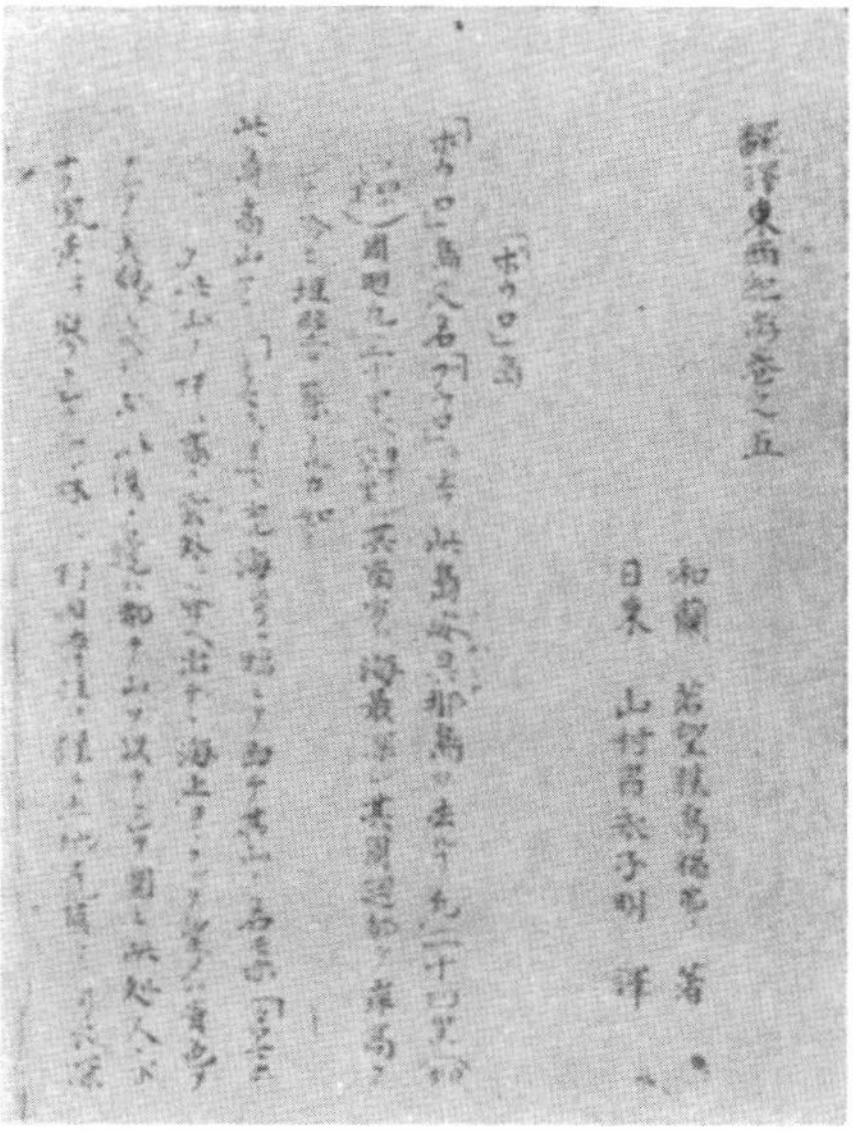

『東西紀游』巻五の第一紙

目録に記された最後の「東洋紀游」は、総叙にも見える通り、専ら南方諸島の諸国の記である。この部を、才助は巻五と巻六の二巻にわけた。

『東西紀游』の原書

才助が訳した「支那紀游」と「東洋紀游」とは、『采覧異言』の訂正増訳の時に使った『奉使支那行程記』(Het Gezantschap der Neêrlandtsche Oost-Indische Compagnie aan den grooten Tartarischen Cham, den tegenwoordigen keizer van China.)であろう。そして、「西方紀游」と「東方紀游」は、才助が『西洋雑記』の中で、『アメリカ紀行』といい、『訂正増訳采覧異言』の中では、『東西海陸紀行』(Gedenkwaerdige Zee en Lantreize door de voornaemste landschappen van West en Oostindien.)といった原書から訳出されたものであろう。

渡辺崋山も才助の邦訳本を知らなかった

才助の『東西紀游』は、また、当時の新知識として貴重であった。しかし、この本も、殆んど世人の知るところとならなかった。渡辺崋山でさえ『客坐掌記』の中に、「ヨハンニーウエホフ著、支那志二巻、千六百七十某年板行。この書中、フラシリアニヤということ見えたり。アメリカより、支那に到りし紀行も入るや。」などと、この原書の存在に注意しながら、才助の邦訳を知らなかったようだ。わずかに、松本斗機蔵の『蔵書目録』(天保八年作)に、その名だけが見えているに過ぎない。

今に伝わって、その所在の明かな『東西紀游』も一―二点にすぎず、稀覯の書というよりほかない。

この本も、ただ才助その人の博い世界地理知識のほどを知る資料となるだけで、これが、当時の人人や後の世におよぼした影響を見ることができない。

一〇 『ゼオガラヒー』を得てまず『亜細亜諸島志』を抄訳

才助には、『采覧異言』の訂正増訳の仕事を進めているうち中、何とかして、

見たかった『ゼオガラヒー』

見たいと希(ねが)った蘭書があった。しかし、ついに、才助のその希望は、少くとも、文化元年(一八〇四)四月のころまで実現されなかった。宿望の『訂正増訳采覧異言』が完成して、そのはじめに引用書目をつけたが、才助は、その西洋の部へ、まだその書名をあげることができなかった。

才助はそこで、「このほか、なおヒブネルス所撰のゼオガラヒーといえる輿(よ)地統載(ちとうさい)の全書、および各国の地志等あることを聞けり。いまだ、その書を見ることを得ず。他日、一見することを得ば、須(すべか)らく、その精説を訳して、以て、考証に備うべし」といって、その望みを後日に期した。才助が、ぜひ見たかったヒブネルの『ゼオガラヒー』(蘭学者たちの呼方に従う)という輿地統載の全書とは何か。

父のヨハン＝ヒブネル

原著者ヨハン＝ヒブネル父子について見よう。父のヒブネルは、一六六八年(寛文八)にドイツ国ザクゼンの近くに生れた。長じてライプチッヒ大学で、神学を研究したが、特に地理や歴史に深い興味を持ち、二十六歳の時に、『新古地理学問答』と題する地理書を著わした。この本は、大いに行われ、一時、ヨーロッパの地理学界を風靡（ふうび）し、版を重ねること、四十五回。発行部数十万をこえたと。その中の一本が一七二二年に蘭訳されて、出版された。それが、日本にも伝わった。長崎の和蘭通辞本木（もとき）良永の訳した『和蘭地図略説』（明和八年（一七七一）訳）や『阿蘭陀全世界地図書訳』（安永七年（一七七八）訳）の原書となったのが、それであった。

父ヒブネルは、一六九四年（元禄七）二十七歳でメルセブルク Merseburg の中学校長になり、更に一七一一年（正徳元）にはハンブルク市のヨハンノオイムス Johanneums 中学校長に転じ、一七三一年（享保一六）この地に病歿するまで、その職にあった。

才助が『采覧異言』の増訳に使った簡明百科全書『コーラント＝トルコ』は、この父ヒブネルの著わしたものである。

子のヒブネル

子のヒブネルは、ハンブルク市で、弁護士を業としていたが、その傍ら、父の著作をも手伝った。父ヒブネルが死んでから、子のヒブネルは、父の世界地理書を大いに増補して、これを、いくども公刊した。それが、また蘭訳されて、日本へも伝わった。

日本に伝来した『ゼオガラヒー』

ちかごろ（一九六四）東京の上野図書館の古い書庫から、もと江戸幕府の書庫にあった、たくさんの蘭書が発見された。その中に、このヒブネルの『ゼオガラヒー』六冊本が二部現われた。それを基本にして、石山洋氏は「大地理師ヒュブネルをめぐって」（『上野図書館紀要』第三冊）と題する精詳な新研究を発表された。岩崎克己氏の諸論文と共に、この本にとって貴重な参考文献だ。

日本へ伝わった蘭訳本も一種類ではなかった。その中の一種四冊本は、一七五六年（宝暦六）アムステルダムで出版されたバヒーネ W. A. Bachiene 蘭訳の『ゼオガラヒー』（Volkomen geographie, of beschryving des geheelen aardryks: behelzende al het merkwaardige dat tot die wetenschap behoort. Voorheen ontworpen door den beroemden Joan Hubner, en un naar de laatste meer dan een derde varmeerderde en verbeterde uitgave des schryvers, vertaald . . . door W. A. Bachiene. Amsteldam, Jac. Haffman Pieter Meyer 1756.）である。

もう一種のヒブネル著わす『ゼオガラヒー』は、子のヒブネルが死んでから、更に多くの増補を施こされて、一七六一年（宝暦一一）から、六年（明和三）にかけて出版された三巻六冊の大著の蘭訳本である。この六冊本蘭訳『ゼオガラヒー』（Algemeene Geographie. Vermeerderd en met Aanteekeningen verrykt door W. A. Bachiene, en met eene algemeen Inleiding tot de Aardryksbeschryving voorzien door W. S. Cramerus. Amsterdam, P. Meyer 1769.）は、また、はやく、わが国にも伝来した。

『ゼオガラヒー』を使った蘭学者たち

すでに天明年間、朽木昌綱はこの書を長崎出島の蘭館長チチング Titsingh, Izaak に注文した。そして、昌綱は、その『ゼオガラヒー』によって『泰西輿地図説』（寛政元年（一七八九）刊）を著わした。前野良沢の訳した『柬砂葛（カムサツカ）記』（寛政元年（一七八九）訳）・『意太里亜（イタリア）志』・

六冊本『ゼオガラヒー』とその扉（左頁）
もと蕃書調所にあったもの（上野図書館所蔵）

地理概説
別名　地球総説（地球の完全な記述）
当該科学に属する一流学者による地誌特に州および王国・侯伯領・共和国等，その状勢・境界・範囲・海湾・里程・河泉・港泊・岬角・地勢(空と大地の状態)・山嶽・植物・動物・都市・要塞・城郭・市場(小さな市場町)・村落・重要建築物その他珍奇(珍しいもの)の過去と現在・住民・彼らの学芸・風俗および職業の正確な論述(論文)・王国および諸州の重要な状勢の変化・その政治形体・宗教・軍事力・財政・商工業・学問の水準・騎士階級に関する正確な報道・現在の支配階級たる王室および諸侯の系譜・優秀な地図と大学一覧表を含む。
有名なヨハン＝ヒブネルによる正・続編より蘭訳。仏蘭西版の一部優れた部分を挿入。
当時(前)ケルレンブルグ学長・現(在)マーストリヒト学校長兼天文学・地学教授たる W. A. Bachiene（バヒーネ）により完全に増補した最新版。附最新式(型)銅版図入。
第一巻　葡・西・仏・伊篇
アムステルダム，ピータ＝マイエル書店刊。(王紀)1769 年。

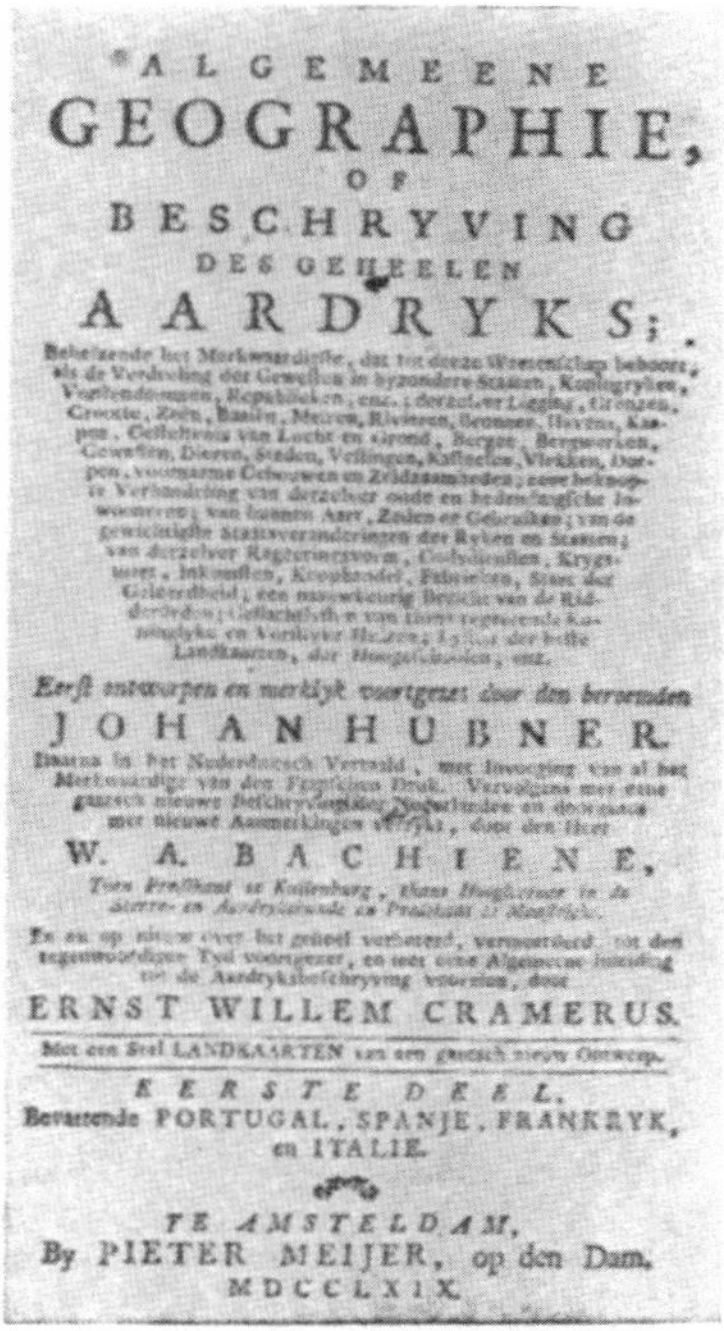

ALGEMEENE
GEOGRAPHIE,
OF
BESCHRYVING
DES GEHEELEN
AARDRYKS;

Eerst ontworpen en merklyk voortgezet door den beroemden
JOHAN HUBNER.

W. A. BACHIENE,

ERNST WILLEM CRAMERUS.

EERSTE DEEL.
Bevattende PORTUGAL, SPANJE, FRANKRYK, en ITALIE.

TE AMSTELDAM,
By PIETER MEIJER, op den Dam.
MDCCLXIX.

『柬察加志（カムサツカ）』（寛政三年（一七九一）訳）・『ネエデルランデン』等も、これらは、いずれも六冊本『ゼオガラヒー』から翻訳された。

桂川国瑞は『魯西亜志』をやはり六冊本『ゼオガラヒー』によって、寛政五年（一七九三）一月六日から翻訳をはじめ、同月十七日に訳了した。

国瑞は、大黒屋光太夫のロシア漂流調査書として作り上げた『北槎聞略（ほくさぶんりゃく）』を書く時にも、『ゼオガラヒー』を十分利用した。朽木昌綱も、前野良沢も、桂川国

桂川国瑞、玄沢を介して、杉田玄白から『ゼオガラヒー』を借りる

瑞も、共に才助の交際圏にあった人人。才助の話が難なく通ずる江戸蘭学界の有名人だ。才助が文化初年に至るまで、なぜ、この『ゼオガラヒー』を見ることができなかったのか。

それよりも、もっとわかりかねる話を、さきに、才助の性格を見ようとして、持ち出したことだった。それは、この六冊本『ゼオガラヒー』が、寛政六年(一七九四)ごろ杉田玄白の書架をかざっていたことであった。

大槻玄沢は、寛政六年(一七九四)の春、桂川国瑞の作った『地球全図』に題言を寄せた。その文の中に、こんな話が出ている。

「近ごろ、わが鷧斎先生(杉田玄白)が持っている西刻の地理書六本のことをきいた。すなわち、これは彼の国の人、非蒲涅児が新たに撰したものである。この本は、その図も、またその本文も、至詳にして至備、またと得がたいものであった。そこで、世界地理研究に熱心な桂川君は、予(大槻玄沢)を介して、その本の借覧を、杉田先生に懇ろにたの

んだ。この本は、実に和漢古今にいまだかつてなかった一大奇編なので、杉田先生は、非常に大切にして、軽々に人に見せなかった。それを、この度は、特別に懇願したというわけである。杉田先生は同臭同好のよしみある桂川君の熱心に感じて、ついに、この貴重書の閲覧を許された。その時の、桂川君の喜びは、想像に余りあるものだった。そこで余（大槻玄沢）も桂川君と、閑に投じて相会し、日夜を問わず、その説を読み、その図を閲し、地図一幅を新製した。その後、余は郷里仙台へ帰ったり、長崎に遊んだりして、これに与かることができなかった。ところが、桂川君は、引きつづき、研究にはげみ、更に地理の諸本を照合し、校正につとめ、およそ、七―八年を経て、ついに、この地球全図を全成した。そして、別に、図説三冊をつけた。」

と。この話によると、この文の書かれた寛政六年（一七九四）より七―八年前、すなわち、天明七―八年（一七八七―八八）ごろには、大槻玄沢が桂川国瑞のたのみで、杉田玄白から、ヒブネルの『ゼオガラヒー』六冊本を借りたことが明らかだ。

この杉田家の六冊本『ゼオガラヒー』が、あんなに見たがっていた才助に、なぜ見せられなかったのか、まったくわからない。

才助四冊本『ゼオガラヒー』を見る

才助は、しかし、どうして、どこにあったものを見たのか、とにかく、ついに四冊本『ゼオガラヒー』を読んで、その一部を邦訳した。岩崎克己氏の労作「ゼオガラヒーの渡来とその影響」（雑誌『書物展望』第十巻第十二号(昭和十五年十月号)）によれば、才助の『ゼオガラヒー』邦訳は、いずれも、四冊本から出たものとある。その六冊本は終生、才助の手にできなかったものだろうか。

才助『亜細亜諸島志』を訳す

ところで、ここに「東洋　山村昌永子明訳」の『亜細亜諸島志』天地人三巻がある。この本の中には、原書の名も、訳した時も書いてない。しかし、これは一七五六年刊行の四冊本『ゼオガラヒー』の第三巻第九篇の“Maldivische Eilanden ... De overige Eilanden van Asia”（p. 647-691）を翻訳したものであったことを、岩崎克己氏が原書と対照してつきとめた。

才助が『ゼオガラヒ

才助は、『采覧異言』の訂正増訳の完了まで、これを見ていなかった。とする

ー』を手にしたのは何時か

と、才助が待望の『ゼオガラヒー』四冊本を手にしたのは、いつだろうか。

文化三年(一八〇六)の秋、九月にできた『華夷一覧図説』で、蜀山人(しょくさんじん)の『一話一言』に収録されたものには、ヒリッピン諸島のことを書いたところに、「この島の名の起りについては、亜細亜諸島志に見ゆ」とある。この時、すでに、この『亜細亜諸島志』ができていたと見てよかろうか。そういえば、同じ『華夷一覧図説』の終りに才助は、この本の不足を補うために、ヨーロッパの諸国はじめ、南方諸海島に至るまで、その風土・政教・習俗・物産・古今歴代の事実等を誌して、極めて、詳悉(しょうしつ)な『万国地理志』があるといった。そして、「他日、その要を訳して、以て、考証にそなえよう」ともいった。ここに才助が『万国地理志』と呼んだのは『ゼオガラヒー』ではなかろうか。風土・政教・習俗・物産などと才助が無意識に説明した、その本の内容や組織が、いかにも、それは『ゼオガラヒー』だといわんばかりである。

才助は『華夷一覧図説』を書く時、すでに『ゼオガラヒー』を読みはじめていたに相違ない。そして、その大冊から、最初に翻訳されたのが『亜細亜諸島志』であった。

才助の『亜細亜諸島志』三巻は、『訂正増訳采覧異言』に杉田紫石（しせき）が序文を書いた文化元年（一八〇四）四月から『華夷一覧図説』のできた文化三年（一八〇六）九月までの間の約二年半ばかりの間にできたということにしておく。

『亜細亜諸島志』

この本は、才助が蘭書『ゼオガラヒー』を忠実に翻訳したもので、文中にカッコして入れた割註のほかは、むろん才助の考えを、さしはさんだものではない。

当時、ヨーロッパ人が「オオストインヂイ（東方印度といえる義あり）の諸島」と呼んだアジア州海中の諸島の地誌を述べたのが、この本である。もう少し具体的にいうと、原書を書いた人の方からいって、「最西にある馬児地褫（マルヂヘス）の諸島」「次にラクキヂヒセの諸島」それから「シュンタの諸島」「新非利皮那（ノオハヒリピナ）の諸島」「マリアネスの諸島」

『印度志』について才助の按文

『亜細亜諸島志』

と「順次を逐って、これを説くこと左のごとし」というのである。つまり、今日われわれのいう南方諸島の地誌なのである。

才助は書中に、カッコをして、割註をつけた。西洋紀年には、いちいち日本と中国の年号と年を入れた。また、ところどころに、才助の按文が記入され、参考書の名もあげられた。

天の巻、則意蘭島の地誌の中にある才助の按文に「撒剌満王およびオヒル国の事、上の印度志の中の琵牛および

『亜細亜諸島志』にはじめて出た蘭書

満剌加の条に記す」とある。この『印度志』は原書の中の一章“Het Indostansche Ryk, of Oostindie” を指したのなら問題はないが、後で見る才助の翻訳した『印度志』を指したものだと、ことはめんどうになる。というのは、この『亜細亜諸島志』より前に、『印度志』があったことになる。『印度志』は文化四年(一八〇七)二月に訳了となっているので、『亜細亜諸島志』はそれより後のもの。そして才助の病歿したこの年九月十九日以前の半年の間の業績となる。ここでは、才助が『亜細亜諸島志』に引いた『印度志』を、かりに原書のそれを指したものとして話をすすめる。このことについては、他日、更に資料を得て確定したい。

さて、そのほかに『亜細亜諸島志』には、『采覧異言』訂正増訳の時まで使われなかった蘭書も一－二出た。ハレンテイン Valentijn, François の『東海諸国志』とか、プレホスト Prevost, A. F. の『万国紀行集成』のごときがそれである。もっとも『花蓮的印(はれんていん)西洋より東洋まで。紀行の書なり。「ハレンテイン」は即ち記者の名を書名としたるなり』は、すでに寛政十二年（一八〇〇）に出版された森島中良の『万国新話』に引用されているし、またプレホストは天明七年（一七八七）に出版された朽木昌綱の『西洋銭譜』の終りの凡例に、「世子（朽木昌綱）また〔プレホスト〕ホルランドノ人ナリといえる人の、諸国風土記を、考鑑するに」しかじかと引用されている。森島中良や朽木龍橋（昌綱）は才助の伯父市河寛斎や、才助の師大槻玄沢を一人間におけば、ただちに才助と結ばれる人人である。ハレンテインやプレホストの地理書が才助の目に入ったのが文化初年とは、むしろ、おそきに過ぎるといってもよい。

『亜細亜諸島志』の訳される歴史的地盤

『亜細亜諸島志』は、才助待望のヒブネルの『ゼオガラヒー』翻訳の手はじめに成ったもの。これも、また才助にとって、忘れ難い記念の業績であった。

世界史上から見ると、千七百年代の終りから千八百年代の初頭にかけて、わが日本国は、北方から南下したロシアを警戒する必要に迫られたと同様に、南方から北上したイギリスをはじめとするヨーロッパ諸国に警戒の目を向ける必要に迫られた。

才助は、その翻訳の中に、それらのことについては、別に何ともいわなかった。だが、この『亜細亜諸島志』も、つづいて翻訳される『印度志』も、大きな世界地誌の中から、この部が特に才助によって、抜抄(ばっしょう)された理由があったはずである。すなわち南方を知る必要に迫られた世界史上の日本の国際関係が、才助の『亜細亜諸島志』を生んだと見てはいけないだろうか。

一一　蘐窓主人に頼まれて『華夷一覧図』とその図説を書く

才助にとって実りの秋

才助の著述生活は、享和から文化初年にかけて、もっとも、はなばなしかったはずだが『訂正増訳采覧異言』以後、その著作の時を、はっきり記したのは『華夷一覧図説』と『印度志』の二つである。

『華夷一覧図説』は、その終りに、「文化丙寅秋九月記」とある。丙寅(ひのえとら)の年は文化三年(一八〇六)に当る。この年、才助は三十七歳。息子の豊次郎は十一歳になって、この年の一月、父の従弟市河米庵に入門し、詩文や書を習うことになった。才助にとっては、その一生において、一番いい時であった。

さて、この本を、才助は「藁窓主人の需に応」じて書いたと。この藁窓主人というのは誰のことなのかわからない。

この本は、その名のごとく、まず『華夷一覧図』(四四・五センチ×六三・五センチ)ができて、その地図の図説(説明)として著わされた。

『華夷一覧図』

『華夷一覧図』は、およそ、中国を中心において、アジアの大部分を描き、それに、その周辺の日本列島・南洋諸島、並びにヨーロッパとアフリカの東部をあらわしたもの。

図中にゆとりのある所には、簡単な説明を記入した。それが合計七つある。

覧　　　　図』　(44.5 cm×63.5 cm)

『華　夷　一

この地図も、その図説本と共に文化三年（一八〇六）にできたものとすると、作者才助の世界地理知識は、その生涯において、最高潮に達した時である。

この地図は、おそらく、特定の西洋原図によって作られたのではなくて、才助の世界地理学の中から、独自に描き出されたものであろう。さすがに、この地図は、なかなか正確で、立派である。

当時、わが北辺のカラフトは、それが半島であるか、孤島であるか確認ができないまま、半島説と孤島説とが並行していた。才助はそのカラフトを、この地図に孤島として描き、これをサガリインと称した。当時、西洋製の地図では、いまのカラフトを、たいてい、そう呼んだのである。

そこには「サガリインはいまだ何(いず)れにも属せず。大清統志(だいシンとうし)にも、ただ黒龍江の外に一大島ありとのみ記せり。」と記入された。

ついでに『華夷一覧図説』の方を見ると、「蝦夷の西方ソオヤという所より海を渡ること十里（ただし日本里程なり）にして、地あり。カラフトまたカラトという。その地形尖長なり。この地或は韃靼の海辺の一島なりという。しかれども、いま多くは、満洲よりも地つづきの岬ならんという」とある。

間宮林蔵らのカラフト探検

松田伝十郎と間宮林蔵のカラフト探検の結果、これは離れ島だと、はっきりわかったのは文化五年（一八〇八）だった。『華夷一覧図』中のサガリインの図ならびに、その説明は才助の作としては、少しさびしいが、それが、できた時が文化三年といえば、まず止むを得ない。

もう一つ、図中に見える説明文をとり出してお目にかけよう。

「止白里の本国」と「大魯西亜」の間、ウラル山のところには、「この大山は魯西亜より止白里の地を併せざる以前には両国の界にして、土人称して、天下の脊椎といいしなり」という説明が記入された。

このように、地図の中に説明をつけると、場所を骨組みにした人間生活が、目の前に縮図されて、最も直観的にわかって、便利である。ところが、図面に描かれた場所について、たくさんの説明を要することになると、とても地図の中へ、それを全部、記入することができかねる。そこで、説明の方はこれを別册にすることになる。これが地理知識表現の史的順序である。

地図と地理書

才助の『華夷一覧図』も、そのようにして、別に図説《ずとき》（地図の説明書）一册ができた。すなわち『華夷一覧図説』一巻である。

だから、この本は、地図と併せて、照し合わせながら読むべきものだった。

『華夷一覧図説』の内容

この『華夷一覧図説』は、その本の性質からして、別にすじの通った組織があるわけではない。上野図書館の蔵本によると、項を改めるごとに〇印をつけた。

大日本・大清《シン》・安南・柬埔塞《カンボチヤ》・暹羅《シャム》・アハ（アヴア）・アシム（アッサム）・琵牛《ベキウ》（ペグーつまりビルマ）・厄《キ》・莫臥児《モゴル》（インド）・巴爾斎亜《ハルシア》（ペルシア）・亜刺比亜《アラヒア》・都児格《トルコ》・魯西亜《ロシア》・ワラシヤ（ワラキア）・勒祭亜《レシア》（ギリシア）・セエヘンベルゲ（トランシルヴァニア）・波羅泥亜《ホロニア》（ポーランド）・雪際亜《シュエシア》（スエーデン）・諾爾勿《ノルウエ》

入亜《シア》（ノルウエー）・亜弗利加洲《アフリカ》・亜細亜洲《アジア》・蘇門答剌大島《シュマタラ》（スマトラ）・瓜哇《ジャワ》・渤泥《ボルネオ》・食力百私《セレベス》・バリイ・ハンダ（その他周辺の島々）・新為匿亜《ノオハグイネア》（ニューギニア）・ノヲハブリタンニア（ニューブリテン）・呂宋《ロソン》（ルソン）（以上カッコ内著者註）と、右の合計三十項目の頭に○がついている。しいていえば、これが、この本の目次である。

才助は、その広い世界地理歴史の知識を駆使しながら、この各項目について、その地理や歴史を自在に筆に託して、物語った。そしてその後に、

『華夷一覧図説』結びの言葉

「以上、図中に所載の各国の大要なり。およそ、欧羅巴の諸国ならびに莫臥児《モゴル》・巴爾斎亜《ハルシア》・亜刺比亜《アラビア》・自立韃靼《じりつだったん》・暹羅《シャム》および南方諸海島、その風土・政教・習俗・物産・古今歴代の事実等、西洋所刊の万国地理志および列国の史録に所載、極めて詳悉《しょうしつ》なり。他日、その要を訳して、以て、考証に具うべし。」

と結びの言葉をつけた。

この本は、才助の意のままに書かれた。その点で、他の才助の著述より、おも

しろい。

エトロフ・クナシリの帰属

「蝦夷の東北にクナシリ島あり。その東に、またエトロフ島あり。この二島は、日本に従う。これよりして東北の諸島は、みな魯西亜国に属す。」

この文は、この本の中の一節である。これは文化三年（一八〇六）ごろの、世界が認めた千島帰属の境界線を、才助が述べたものだ。地図の方にも、この帰属は、はっきり色わけによって示されている。いまの日本とソビエットの千島帰属論争に何かの参考になるまいか。

ロシアの強大と東方経略

才助は、ロシアの強大とその東方経略についても、見逃さなかった。

ロシアは「近世、その国、ますます強大にして、西の方、雪際亜（シュエシア）（スエーデン）を破り、その地を奪って、これに新都を建て、南の方、都児格（トルコ）・巴爾斎亜（ハルシア）を破り、東は止白里（シベリイ）の地を開いて、蝦夷の東北諸島および、その東のアレウトスキヤ諸島に至るまで、その属たり。」と。また近世ロシア人は「アレウトスキヤ（アリウシアン）諸島をも見出して、これを、みな魯西亜に従属せしめた。その中の一島にアミシイッカというのがあるが、先年伊勢の舟人光太夫らが漂着したのは、この島であった。ロシア人は、ちかごろアレウトスキヤ群島から、更に東に進み、北アメリカの岬に至るまで、これを、みな魯西亜の属領となした。だから、この国は、いまや天下第一の大国となってしまった。」というのである。

この地図と図説の執筆を、才助にたのんだ藁窓（こうそう）主人という人物は、このような日本国周辺の諸国の情勢を、才助から教えてもらいたかった部類の人物であったに相違あるまい。

『華夷一覧図』とその図説の特色

『華夷一覧図』は、世界地理学者山村才助が作った、ただ一つの単行地図である。『華夷一覧図説』は、地理や歴史について、殆んど主観的な意見を書き残さなかった才助の述べた、ただ一つの自由の筆である。

それ故に、才助の『華夷一覧図』とその『図説』は、一枚の地図、一冊の小本ではあるが、才助の生涯に見逃せない業績だ。しかし、この本も、その流布はせまかった。今日につたわる写本は、いくつもない。地図の方は、今日に残ったものは、なおさら珍しい。

『一話一言』に全文が収録された

ただし、この本は、才助とも、その交際圏にあった人、蜀山人大田南畝の随筆集『一話一言』巻四十七に、その全文が収録された。上野図書館にある写本と、たがいに出入りはあるが、『一話一言』所収本を是とする点もあって、それも、また捨てがたい。ことに、『一話一言』本にだけその名の見えた『亜細亜諸島志』は、その成立の年を教える重要な文字である。

一二　幕府の命をうけて『魯西亜国志』を訳す

才助の大著『訂正増訳采覧異言』が柴野栗山の紹介で幕府の書庫に寄贈されたころから、才助の翻訳の仕事は急にいそがしくなった。才助の蘭学の力量が世に認められたからばかりではない。世界史上の日本国が、世界史の場所的構造の学、いいかえれば、世界地理学のエクスパート山村才助を必要としたのだ。

ロシアの南下

ラクスマン

レザノフ

近世における帝政ロシア国は、史上に有名な女帝カザリン二世 Ecaterina Alexeievna II の時（寛政四年（一七九二））に、かの地に漂流したわが伊勢（三重県）白子（しろこ）の舟人大黒屋光太夫らを送還することを口実にして、使節アダム＝ラクスマン Laxmann, Adam Kyrilowith をわが国によこした。江戸幕府は、これを北海道函館から、うまく追いかえしたと思って、ホッとしていた。ところが、文化元年（一八〇四）九月六日という日に、第二回目のロシア使節レザノフ Rezanow, Nikolai Petrovitch 一行が長崎に現われた。この一行はロシア皇帝アレキサンドル一世 Alexandr I の命令で、仙台の漂流民津太夫らを送還しながら、日本国に「交易の儀、願い上げ候」といって来た。

江戸幕府は大あわてにあわてたあげく、返答に窮し、およそ半年間も、いたずらに評議を重ねた。その結果文化二年（一八〇五）三月に至り、漸く「鎖国の祖法は変じがたい。再び来ることを費すなかれ。速かに帰帆すべし」といった理由にもならないことを述べて、第二回目のロシア使節も、これを追いかえした。

フォストフ

幕府の無礼を怒ったレザノフ使節は、その帰国の途中、部下フォストフ Chvostov, N. A. に一隊を分けて、千島・樺太の日本人宿舎を襲撃させた。このころから、わが北辺における日本とロシアの関係は、漸く複雑にして、困難なものになった。ここに至って、幕府は、いやでもロシア研究に着手せざるを得なかった。

『魯西亜国志』

このような歴史の局面は、蘭学者山村才助に、『魯西亜国志』七巻と『魯西亜国志世紀』二巻を翻訳させた。

才助の『魯西亜国志』には巻一のはじめに「標題」として、こう書いてある。

「オウデ、エン、ニィウウェ、スタアト、ハン、ヘット、リユスシセ、オフ、モスコビヤ、ケヰゼルレイキ」
「魯西亜一名モスコビヤと云える帝国の古今の政治」
「ヒストリイ、ハン、リユスランド、エン、テスセルフス、コロオト、ホルステン」
「魯西亜歴代の大君の紀」
「和蘭　ヨハンネス・ブルウデレッキ撰」
「同国　J・C・ヒリップ図画」
「一千七百四十四年　ウトレキト（和蘭七州の一）学校において刊刻」

この本は、すでに才助が『采覧異言』訂正増訳の時に、「和蘭ヒリップ撰」といって使った『魯西亜国志』（Oude en nieuwe staat van't Russische of Moskovische keizerryk, behelzende eene uitvoerige historie van Rusland en deszelfs groot-vorsten. Utrecht, J. Broedelet. 1744.）である。

この原書が、江戸時代の識者の間にいかに利用されたかについては岩崎克己氏の「ベシケレイヒング＝ハン＝ルュスランドの流伝と翻訳」（雑誌『書物展望』第十六巻第十一・十二号）に精詳な考証がなされた。才助の『魯西亜国志』翻訳事情についても、岩崎氏の研究は必読の労作である。

才助の『魯西亜国志』には、「土浦藩臣山村昌永奉教翻訳」とあるから、これは幕府の命によって邦訳されたものと思われる。しかし、今に残っている写本には、これが何時訳されたのか、またどんな経緯で、でき上ったのか、一言もふれてない。

このころ、才助の『魯西亜国志』翻訳のことに言及したものかと思われる資料が一つある。それは本多利明から、水戸の史館総裁立原翠軒にあてた文化二年(一八〇五)三月一日づけの長文の書翰の一節である。

本多利明から立原翠軒にあてた手紙

「先年ロシヤ本紀と申書二冊、大本にて、新渡の所、朽木侯のお買い上げ相成。その後、前野良沢へ下され候ところ、良沢死後、払い物に出候ところ、俗吏の手に入り、行えを失い居り候えども、この節、その吏より、私知人へ読訳候ようにとの儀につき、預り申し候。当時、専らに翻訳つかまつり候間、でき次第、ご覧に入れべく候。」

（『本多利明手簡』）

利明と才助の間

ここに本多利明が「私の知人」とは、才助のことではなかろうか。利明は、当時江戸における関流数学の大家としても北方問題の研究者としても高名の人だ。利明は玄沢の『北辺探事』にも資料を提供した。才助は『訂正増訳采覧異言』巻八に、天竺徳兵衛がシャムから持ち帰ったもので、文字の刻ってある樹葉の話を書いた。そこに、その樹葉を、「今浪華の蒹葭堂および東都の本田氏並びに、各一葉を蔵す。共に暹羅国の文字なり。その本田氏所蔵の葉、予（才助）曽て磐水先生の許においで、これを一見す」といった。磐水と利明と考えて来ると、才助も利明の「知人」であってよいはず。やはり、本多利明の立原翠軒への手紙の中の「知人」は、才助であろう。そうすると、才助は文化二年（一八〇五）二月から三月にかけて、『魯西亜国志』を専心翻訳していたことになる。しかし、才助は、すでに『采覧異言』増訳の時に、その原書を使った。だから、本多利明の手から渡された興味深い由来を持つ蘭書を以って、才助は、この原書を、はじめて見たわけではない。また才助だけが、この本を利用したわけでもない。

吉雄幸作『魯西亜国志』の原書を入手

才助の『魯西亜国志』の原書は、このころの識者の間に『ベシケレイヒング＝ハン＝ルュスランド』とか、ただ『ベシケレイヒング』とか呼ばれて、知られていた。一番早く、これを入手したのは長崎の和蘭通詞吉雄（よしお）幸作だった。吉雄が、その一部を翻訳したのは安永七年（一七七八）のことだ。この吉雄幸作の使った本は、天明元年（一七八一）の春、福知山侯朽木昌綱によって、吉雄から買い上げられた。そして、それは、そのまま、前野良沢へ与えられた。このもと吉雄幸作所蔵の原書が、いま上野図書館にある。やがて、才助の『魯西亜国志』も、その、もと吉雄の所蔵本から翻訳された。だから、この原書は才助とも因縁浅からぬものだ。

工藤兵助の『赤蝦夷風説考』

仙台の人工藤兵助が天明三年（一七八三）に著わした『赤蝦夷風説考（あかえぞふうせつこう）』の中に引用さ

ベシケレイヒング＝ハン＝ルュスランドを使った人人

れた「千七百四十四年開板のベシケレイヒング＝ハン・ルュスランド」も、この吉雄幸作の蔵本であった。もちろん前野良沢の『魯西亜本紀』（寛政五年（一七九三）訳）も、この原書から訳されたもの。

才助の『魯西亜国志』翻訳と同じころ、近藤守重も『辺要分界図考』に『ベシ

吉雄幸作の所持した『魯西亜国志』の原書
表紙の横文字は J. Koozack で吉雄幸作自筆。才助が使ったのも，この本である。上野図書館所蔵。

ケレイヒンキハンリュスランド』を引用している。

また上野図書館にある『魯西亜国志』の原書は、もと幕府の楓山（もみじやま）文庫から蕃書調所（ばんしょしらべしょ）に移管されたもので、もと長崎の和蘭通詞吉雄幸作の蔵書印のあ

HISTORIE
VAN
USLAND
DESZELFS GROOT-VORSTEN
HET VYFDE BOEK,

ANNA IVANOWNA.

OUDE EN NIEUWE STAAT
VAN 't RUSSISCHE OF MOSKOVISCHE
KEIZERRYK,
Behelzende eene uitvoerige HISTORIE van
RUSLAND
EN DESZELFS
GROOT-VORSTEN;

Breeder in de bygevoegde Tafel te zien.

VIERDE DEEL.

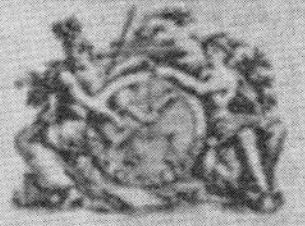

t'UTRECHT
By JOHANNES BROEDELET,
Akademie Drukker, 1744.

『ルュスランド』の扉と 503 頁

附箋は山村才助自筆。もと吉雄幸作の所持したもの。(上野図書館所蔵)

完全なロシアおよび諸侯の歴史を含むロシア別名モスコヴィア帝国の過去と現在(昔と今の状態)　附現在に至るまでのこの広大な帝国住民の風俗・宗教・学芸・陸海軍(備)の記述，更に附表として最上の著者および権威ある資料から採った一切の眼で見る表と必要な地図および美しい絵画を収む。

J. C. Philips 刻版画増補

第四巻　大侯アンナ=イワノナよりアボ (Abo はフインランドにある港市) におけるスウェーデンとの媾和までの補巻を収む。

ウトレヒト，ヨハネス(兄弟)書(商)店，大学御用，1744年。

るものである。しかも、その中には才助の自筆附箋がついている。この原書の径路について、岩崎克己氏の考証から見ると、この書は吉雄から前野良沢、それから高橋景保へ、更に高橋から本多利明へ来て、これが才助翻訳の底本となったものと考えられる。本多利明が俗吏といったのは高橋景保のことだったろうか。

才助の『魯西亜国志』は、その名前が玄沢の『環海異聞』に出ているところを見ると、およそ、文化二年（一八〇五）のころ、できたものと見てよかろう。

内閣文庫にある『魯西亜国志』は『魯西亜国志世紀』二巻と別の本になっているが、静嘉堂文庫にある、もと大槻家本は、これが、一組になっている。『国志』の方は、専ら地理を述べ、『世紀』の方は専ら歴史を述べたもの。

『魯西亜国世紀』

『世紀』は、これよりさき、前野良沢によって翻訳され、『魯西亜本紀略』と名づけられたものの一部である。静嘉堂文庫には「蘭化訳述上下合册」の『魯西亜本紀略』で、その題簽（だいせん）から奥書まで、全巻才助自筆の写本がある。そして、その終りには、「魯西亜本紀略草稿巻ノ二畢」と記し、更に「享和二年十二月十九日夢遊道人謄写」と署名してある。これは、才助の『魯西亜国志』翻訳の参考にしたものと思われる。

『ゼオガラヒー』を引用

才助の『魯西亜国志』を見ると、その巻三の才助の割註の中に、『ヒブネルスの地志』が引用され、巻七には、「ヒブネルスが所撰」の『ゼオガラヒー』と『コーラント＝トルコ』とが引用された。才助は、そこに「この二書の記載は甚だ詳明」だと書いた。これは才助が文化二年（一八〇五）には、『ゼオガラヒー』を見たという証拠を示すものとなるであろう。

才助の『魯西亜国志』には、訳者才助の按文があるほかに、「利明曰（いわく）」と書いた割註がいくつもはさまれている。これは前にあげた本多利明の手紙とあわせて、この本の成立について、その間に本多利明の存在を思わせるものである。

一三　大槻玄沢の漂民調査を手伝う

才助『環海異聞』編集に与かる

才助は、『魯西亜国志』の翻訳をおわって、間もなく、今度は、玄沢の漂民調査を手伝うことになった。才助の師、大槻玄沢は、当時、幼藩主伊達周宗を後見して、仙台藩政を動かしていた堀田正敦の命をうけて、藩侯のために、ロシア使節によって長崎へ送りかえされた若宮丸の舟人津太夫たちの調査をはじめた。それは文化二年（一八〇五）冬十二月も末のころだった。玄沢の調査は、約四十日を費して、文化三年（一八〇六）二月の中旬に一応おわった。その時の記録が、すなわち『環海異聞』十五巻である。漂民調査書とはいうものの、これは立派なシベリア誌であり、またロシア誌でもあった。この時、才助は、玄沢にたのまれて、その調査を大いに手伝った。玄沢は『環海異聞』の序文の中に、

「門人某なる者は、万国地理を弁ずるの学に、志篤く、新詳の著書、頗る多し。茂質

（大槻玄沢）毎に校讐して、その一斑を預かり聞く事あり。これらを以て、漂客説く所のこと、すでに耳目に触るるものと相合すること少なからず。故に、また或いは彼が誤りとしらるべき所を正すに足るものも、またなきにしもあらず。よって、その証とすべきものは、説話の側に註説傍書し、読む人の便りとならしめんとす。」

といった。ここに、玄沢が万国地理学に志の篤い門人某といったのは山村才助のことである。また、この本の第十二巻には、こういう話が出ている。

「都府鏤版の世界図分〔図にて方図四枚、円図左右二面一枚〕求め来るものあり。共にご覧を経て、召し上げらる。その方図のものには海路の朱線を引きたり。これは長崎滞留中、同船の役人、漂客らにいう。爾ら、本国（ロシア）より地図を求め来るといえども、これまで通船したる行路茫然たるべし。その通行の海路を記し与うべしとて、四枚共に朱引して贈れり。この度、編集参考のためとて、茂質（大槻玄沢）に示し下し給う。よって、これを検閲して、別に原図を摸写せしめ、地名等を和解し、その朱線の海路をも併せ写して、摸写四幅をなせり。その朱線の道筋、彼国字もて、悉く日並を記す。

共に、これを摸して呈せり。右原図摸本のほか、別に一幅の地図を作り、その海路朱線・日暦のみを記せるを和解したるものを添えて上（たてまつ）ることとなりぬ。」

と。ここに玄沢が、「原図を摸写せしめ」たのは、やはり才助だったようだ。岡村千曳氏のご示教によれば、この『環海異聞』の編集に寄与した才助は、同書の絵画を描いて玄沢を助けた松原右仲と共に、仙台藩侯から謝礼を受けたことを書いたものがあるそうである。

才助原図を摸写

大槻玄沢は『環海異聞』の続編として、ひきつづき蒐集（しゅうしゅう）した日露関係北辺資料に解説をつけて、『北辺探事』二巻と、またその補遺三巻を編集して、藩侯に提出した。この『北辺探事』について、玄沢は、「その国事機密にあづかれる事（こと）共（ども）を撰んで」内聴（ないちょう）に入れるものといった。これらの書は当時として見れば一種の機密文書だったわけだ。

才助『北辺探事』の編集に与かる

玄沢がこの『北辺探事』を書いている時だった。浪華（なにわ）の人某が、玄沢に手紙を寄せて、この度（文化元年）の「オロシア」船の航路と、オランダ人の日本渡航の船路がちがっていることの疑いをたずねてよこした。玄沢は「これを門人山昌永に示せるに」昌永（才助）はただちに、その考文を書いて、師玄沢に差出した。それは、すなわち、「左の如し」と。

才助の書いたロシア使節の航路考

「今度、魯西亜の船舶、わが日本長崎の港に、和蘭通船の海路を過ざることは、その理あり。もし、和蘭の船なりとも、本国より直ちに日本に来んとせば、恐くは印度海を航することあるまじ。和蘭の人日本へ来る間には、カープ（亜弗利加洲喜望峯）・ヤーハのバタビアの両処を始めとして、そのほか亜細亜洲中に所領の地あまたありて、海船途中事を便するに甚だよろし。かつ日本に来る海船はみなバタビアより来るものにして、本国より直に来ることなきなり。魯西亜より、直に日本に来るは、北アメリカの東よりして、南アメリカの南辺を過ぐること、もっとも、よろしかるべし。アメリカの南、墨瓦蠟泥峡（マゼラン海峡）は、舟行危険なれども、その後、マレウム峡を見出してより、火地（フエゴ島）の南を航海して、舟行甚だ安穏なるよしなれば、定めて、これを過ぎるなるべ

マゼラン海峡を通って太平海へ

し。これよりして、太平海を北に向って行には、洲島稀にして、渺茫たる大海なれば、舟行極めて安穏なるべし。印度の南の大熱国のあまたの島の間を過るよりは、大いに労を省くべし。印度の南、海島多く、大船を通ずるに宜しからざることは、昔よりして西書に説く所なり。彼舟、昼は日を測り、夜は星を量り、南北東西の天度を按じ、海図を按じて、この舟、今は南北極出度何度何分、東西天度何度何分というを明かに察して、行くものなれば、渺茫たる大海、万里が間、洲島なくとも、熟識の路を行くに均しく、かつ、大海の上は狂風の患なく、寇賊の難なければ、もっとも便利なるべし。

カムチャツカへ向って行った理由

これよりして、カムサスカの地に赴くこと、これ、また理あり。いかんとなれば、カムサスカは日本に近き所なれば、これよりして日本に至らんとするの信を本国に通ずること、必ずあるべきの理なり。わが邦の人の心にては、カムサスカと日本とは、甚だ通いがたき遠路の如く思うなれども、彼人の心にては、上にいう如く、船路明白なれば、敢て遠路難事などとは思うまじきことなり。かつカムサスカは彼国(ロシア)の領地なれば、まず、ここに至って、舟中の薪水を弁じて、而して後、日本に赴くこと、これまたあるべきの理なり。ペテルスベルグより陸路を経てカムサスカに至って、はじめて舟に駕(が)すること便利ならんか。ペテルスベルグより直ちに海に航して、アメリカを過ぎ、日本に到るの便利ならんか。これは、この邦(日本)の人の了簡(りょうけん)と彼国の了簡とは、万事大いに異なること多ければ、量(はか)り知るべきにあらず。」

と書いて、才助は、その終りに、「山村昌永漫述」と署名した。これは才助が、執った筆を何の苦もなくすらすらと運んで認(したた)めたレザノフ使節の航路考である。

玄沢『赤人問答』を入手

玄沢は『北辺探事』を『環海異聞』と前後して、書きあげた。そして「丙寅(へいいん)のとし」(文化三年一八〇六)これを藩侯に差出した。ところがまた玄沢はその後「丁卯(ていぼう)(文化四年一八〇七)の春」に至り、『赤人問答(せきじんもんどう)』という秘冊二本を得た。この本は、「麾下(きか)の士、某なる人、天明六年(一七八六)丙午(へいご)の年、常矩(つねのり)(最上)が処士(しょし)たりしを随え、東蝦夷地を巡検し、久奈尻(クナシリ)・江土(エト)ろふ迄(まで)到り、その地に近来在留せし赤人(ロシア人)に邂逅(かいこう)せし問答書」であった。玄沢はこの書を見て、わが北辺千島に在留するロシア人のことを知り、そして、その事情には「悪(にく)むべく、恐るべき事」のあるのを覚えた。そこで、この書を写して「探事の補遺となさんとす」ということになった。

玄沢は、まず、この書を、わかり易く書きなおした。それから「茂質が聞見の及べる所に至りては、傍に愚按を附し、また門下某なるものと謀り、その諸説を増補訂正せしめたり。これを以て抄録と併せ読んで、なお、その拠を知るべし。」と、この書の編集論述の方針を明かにした。

今度は「門下某なるもの」が本文の方に、はっきり、その正体を現わした。本文を見ると、文中の按文が「按に」と「永按に」と二つに区別されて掲げられた。「按に」は、玄沢のいう「愚按」で、玄沢自身のもの。「永按に」は、門下某のものである。永は、ほかにも例がいくつもあったように、山村昌永の「永」で、うたがいもなく才助である。

『赤人問答』につけた才助の按文

才助が『赤人問答』の中に入れた按文は、およそ十三ヵ条ある。いずれも驚くべき博識のほどを示したものである。中には、こんなおもしろいのもある。

「日本の東北に金島・銀島・桂島の三地あるよし。」「按ずるに、わが日本を王将に象り、右島々を金将島・銀将島・桂馬島などと名付けたるならんかと管見するのみ。」

これは『赤人問答』原著者の文である。これに対して、才助は、こう書いた。

「永按に、明の時、刊せる地球図に、日本東方に金銀島あり。これ西洋の古説にも、また、これあり。然れども、その所在未だ詳ならずといえり。日本を王将に象り、金将島・銀将島・桂馬島にかたどるというは、甚しき臆説なり。地球図、支那明の時の所刊に、西洋の古図を記したるもの。何ぞ象棋を象ることあらんや。かつ王将・金・銀・桂馬等の名、かつて彼にはなきことなり。ここを以て知るべし。」

と。才助は、玄沢の、この仕事を手伝っている間に、その仕事のために待望の『ゼオガラヒー』を見る機会を得たのではなかろうか。

玄沢は『環海異聞』巻十一と十二に、「和蘭非蒲涅爾所撰輿地の書」を引用した。また『北辺探事補遺』巻三にも、「非蒲涅爾ゼヲガラヒ（地理全書）」を引用した。その編集にあずかった才助が、これを見ないはずはない。

玄沢は『環海異聞』巻十一に、『和蘭所撰魯西亜国志』を引用した。また、同じ本の巻十五には、『魯西亜国志訳説』を引用した。これと同じ本だろうと思われる『和蘭人所撰魯西亜国誌』が、『北辺探事』巻一にも引かれた。

才助は、玄沢の漂民調査のことにあずかる前に、『魯西亜国志』の翻訳を完成していたので、この本は『環海異聞』編集の参考資料として、大いに役立った。才助は『北辺探事補遺』巻一にも、「魯西亜近代の帝系、和蘭記録する所の正史」を引いて、ロシア皇帝の系図を示し、その解説をつけた。おそらく、玄沢の『魯西亜国志訳説』というのも、才助の訳したものであろう。

一四　『ゼオガラヒー』から『印度志』を抄訳する

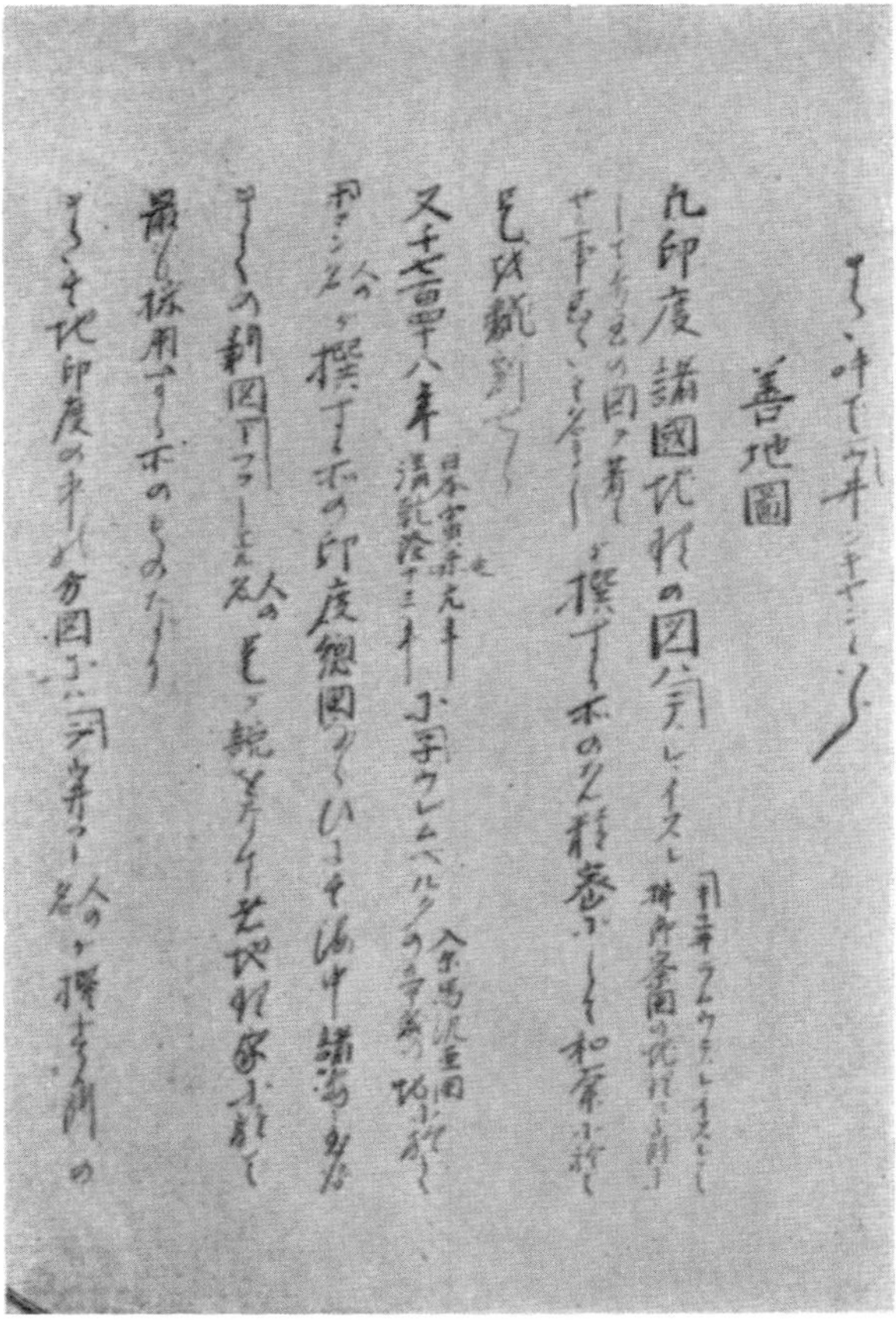

の　一　節（上野図書館所蔵）

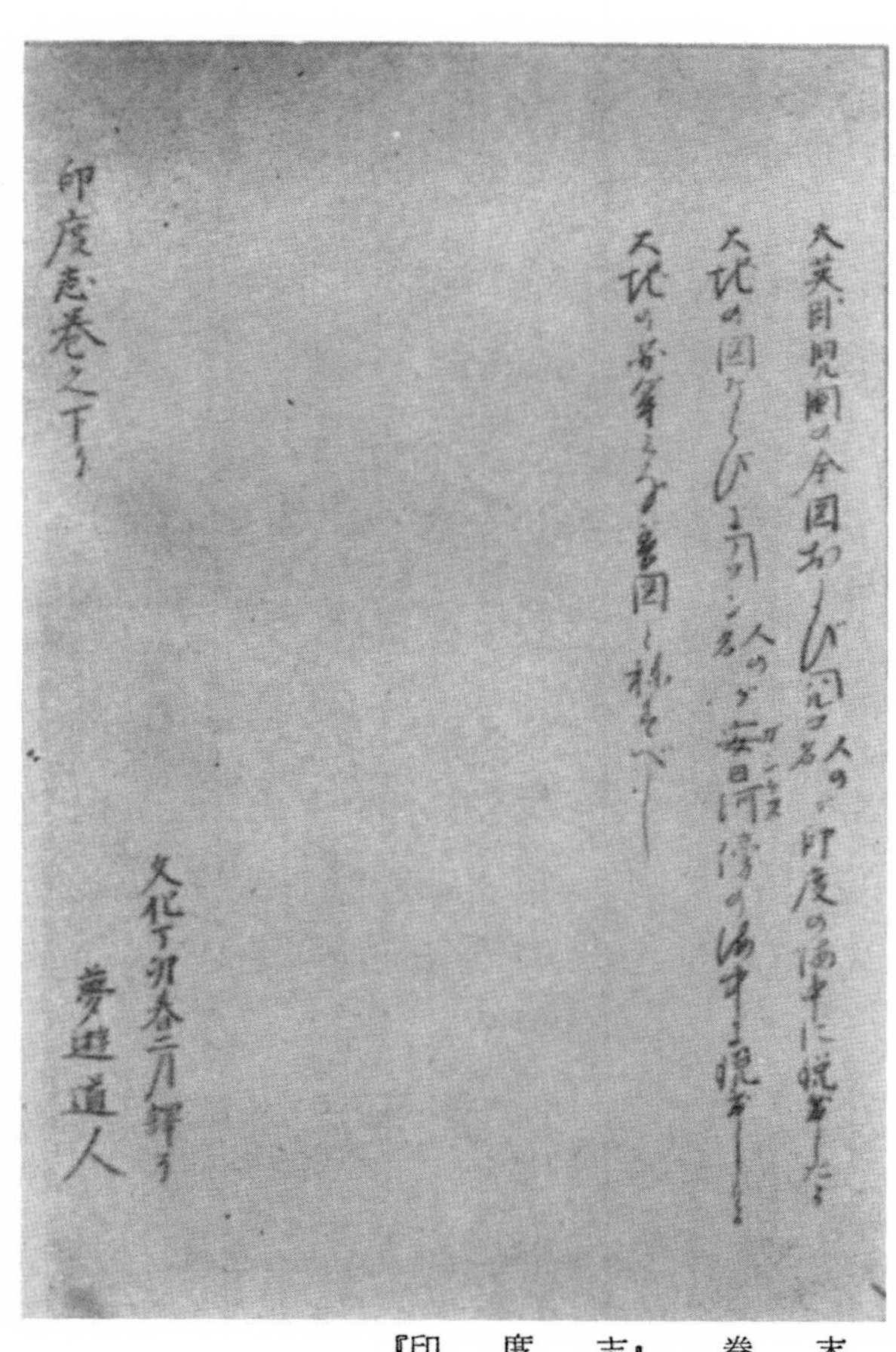

文化丁卯春二月譯す
夢遊道人

印度志巻之下終

『印　度　志』　巻　末

才助は、文化二年（一八〇五）には、たしかに『ゼオガラヒー』を見たに相違ない。才助が『ゼオガラヒー』の一部を翻訳した最初のものが『亜細亜諸島志』だったことを、前に考証した。

『印度志』を訳す

さて、才助は文化二年・三年の間、休む暇もなく翻訳し、著述した。文化三年には大槻玄沢の『環海異聞』の編集にも大いに協力した。そして、文化三年も暮れ、文化四年になった。このころ、翻訳をはじめた『ゼオガラヒー』第三巻第九編、印度の部（Het Indostansche Ryk, of Oostindie. pp. 529–592）の翻訳がおわって、これを上・下二巻に綴った。そして、その一番はじめの所に、喜びをこめて、「東洋 山村昌永子明訳」と、ていねいに書いた。その一番おわりの所には、「文化丁卯（ていぼう）春二月訳了 夢遊道人」と記して、筆をおいた。

『印度志』の内容

読みかえして見ると、原書の順序に従って、印度の「名義・方位・河水・風土・風俗・分界・本国印度斯当（インドスタン）・国政・麻辣襪爾（マラバル）の諸国・コロマンデルの諸国・

王国アセム・王国アハ・王国暹羅(シャム)・満剌加(マラッカ)・甘波牙(カンボジャ)・コチンシナ・東京(トンキン)・老撾(ラオス)・善地図(ぜんちず)」と、整然たる組織の印度地志だ。

ヨーロッパ諸強国が東洋経営の足場にしたこの地方の事情が、これによって、はじめて、日本の人人に教えられるであろう。こう思うと、才助の心は明るかったに相違ない。

近藤守重『印度志』を利用

近藤守重(もりしげ)は、いちはやく、才助の近業を手に入れた。そして『外蕃通書(がいばんつうしょ)』第二十四冊に、『新訳印度志』から「臥亜(ゴア)は波爾杜瓦爾(ポルトガル)より、併せ有(も)つ処の、印度諸国の中に居て、第一の都城にして、波爾杜瓦爾(ポルトガル)より置くところの小王これに居り、波爾杜瓦爾所領の東方諸国のことを指揮す。この府は島の上に造建して、人居極めて繁華に、寺観及び大なる学院甚だ多く、この港の壮麗なること、東方諸国の最(さい)とす」とある所を引用した。

一五　『百児西亜志』ついに絶筆となる

『赤人問答』の増補訂正と併行して『ペルシア志』を訳す

「丁卯の春」といえば、才助が『印度志』二巻を訳了したころだった。大槻玄沢は秘本『赤人問答』を探し出した。玄沢はただちにこれを才助に示して、その中の諸説に増補訂正を加えることをたのんだ。このころの才助の世界地理学は、その師大槻玄沢から全幅の信頼が寄せられるものだった。才助も、また、恩師の信頼を光栄として、『赤人問答』の増補と訂正にとりかかった。

学問に倦むことを知らない才助は、この仕事と、前後して、『ゼオガラヒー』第三巻第九編百児西亜の部 (Het Koningryk Persie. pp. 499–529) の翻訳にとりかかり、初夏のころになって、これを完了した。全部三十八葉を一冊につづり、さきの『印度志』に調子を合わせ、巻頭に「山村昌永子明訳」と書き、終りに「文化丁卯夏六月初旬訳了」と書き、その下に「夢遊道人」と認めた。

ペルシアについて、その「名義・方位・海河・風土・人物風俗・分州・政治・争乱・教法・兵備・昔時の地理・善地図」と、原書を忠実に訳し、これを才助は『ゼオガラヒー』全巻翻訳途上の第三册となした。

才助の絶筆『ペルシア志』はいずこへ

この『百児西亜志（ペルシア）』一巻は、現在知り得る範囲では、才助の絶筆となったものである。『百児西亜志』は小册ながら、才助の学問の生涯にとって、また忘れがたい本のはずだ。この大事な本は、かつて、松平定晴もと子爵家に所蔵された。その後、その行方（ゆくえ）を知らない。今となっては、それを調査された岩崎克己氏の『百児西亜志』解説（雑誌『歴史地理』七七ノ四）はまことに貴重である。ここでも、この説明は全く岩崎氏のそれを拝借するよりほかに、途がなかった。ああ。

一六　洋々たる前途を望みつつ死んだ才助

才助の死

人生の帰結する所は死である。歴史あって以来、王者といえども、死を避ける

才助のお墓

ことはできなかった。この本の主人公山村才助もついに死んだ。しかし、才助の死は、あまりにも突然だった。しかも、才助はその時まだ男ざかりの三十八歳だった。死んだ日は文化四年（一八〇七）九月十九日であった。山村家の墓地は江戸深川高橋の土浦藩侯下屋敷から、ほど遠からぬ雲光院塔中の照光院にあった。才助は、その墓地に葬られた。高さ七〇センチ、正面二五センチ、奥行一八センチのささやかな石塔（口絵参照）が、二つ並んだ墓石の上に建てられた。正面には「五徳」の家紋の下に「将応院詠誉法吟居士」と彫まれ、この戒名をはさんで、右側に「文化四卯天」、左側に「九月十九日」と才助逝去の時が刻された。石碑の右の面には、「俗名山村才助」とあり、その下に「俊方童女文化三丙十一月廿三日　母加勢氏」と小さく彫まれている。これはたしかに才助の墓に相違ないが、俊方童女と、その母加勢氏とは、ここに、はじめて登場した人物である。

俊方童女と加勢氏

「俊方童女」について、才助の曽孫山村謹吾氏におたずねしたところ、『過去帳』

に、この「俊方童女」は「山村才助女。文化三年十一月二十三日」とだけあることがわかった。山村家の系図には俊方童女も、その母、加勢氏も出ていない。

山村才助墓碑正面と右側面

才助の妻として、山村家の系図に載っているのは内藤氏と富田氏の二人だが、ここに、もう一人加勢氏を加えておかなければなるまい。或いは、この加勢氏は才助の側室だったかも知れない。

多磨墓地に移された才助の墓

俊方童女は何歳で死んだのかわからないが、不幸にも、父才助よりも一年さきに、この世の人ではなかった。文化四年九月、才助が死んだ時、才助の父司と母まきは、まだ健在だった。司夫婦にとって、俊方童女は孫である。司とまきの老夫妻は、早世した孫女をいたんで、才助の墓碑を建てる時、その側面に、その名を刻して父子の冥福を念じたということであったろうか。

ここに紹介した才助の墓碑は、現在では、東京の多磨墓地第六区第十二側九番にある山村家の墓地に移されている。昭和三年に深川照光院から、ここに改葬されたのだそうである。

才助の死について『土浦藩家譜』には、「文化四卯九月廿日病死」とあるだけだ。死亡の日が墓碑と一日相違しているが、これは、やはり、墓碑に刻された日を正当とした方がよい。才助をあの世へ導いた病気が、どんなものだったのか、全くわからない。

残された才助の業績から見て、『訂正増訳采覧異言』完成と、それ以後の一両年は藩士としての勤めと、蘭学者としての仕事と、それは、あまりに多忙であったにちがいない。平凡なわかりきったことではあるが、要するに生活上の無理が才助の生命をうばったのではあるまいか。

藩士としての才助

『土浦藩家譜』には才助について「勤十八年」とある。なるほど、寛政二年（一七九〇）正月十五日、才助二十一歳の時に「御馬廻（おうままわり）」役に就任してから数えて、文化四年（一八〇七）に至って、満十八年ということになる。『土浦藩家譜』で見ると、才助は「文化元子（ね）八月二十九日、御使番」になって、その後に何の記入もないから、死んだ時も、土浦藩士としては、禄高百五十石、御使番だったことにしておく。

才助他界のころの四囲

才助病死の時、その身辺を見ると、才助の父司（つかさ）は六十五歳、母まきは五十七歳で健在のはず。才助の妻おてるもいるはず。

才助先妻の子園（その）は父才助病歿の時、十四歳であった。一人息子の豊次郎は、まだ十二歳であったはず。伯父市河寛斎は、この翌年（文化五年一八〇八）に六十の祝いをすることになっているので、才助の死んだ時は五十九歳だった。才助にとって、最も関係深い恩師大槻玄沢は、この時五十一歳、そして杉田玄白は七十五歳で、まだ元気だった。

才助の仕事いまだおわらず

才助は、この年六月初旬に『百児西亜(ベルシア)志』を訳しおわったことは前に記した。才助が、その増補訂正に与(あずか)った玄沢の『北辺探事補遺』は、その最後に「光太夫護送のらくすまん書簡」を収録して、そこに「文化四年丁卯(ていぼう)十月、これを写し畢(おわ)るを得たり」とある。才助が死んだ時、この仕事は、まだその途中にあったのだ。

杉田玄白は、こんなことをいった。「山村才助の『采覧異言』増訳重訂十三巻は、栗山先生の推挙によって、官へも内献した。その余、翻訳の内旨も奉じたのだったが、その業も全うせずに死んだ。惜しいことをした」（『蘭学事始』）と。

柳沢鶴吉編著の『近世土浦小史』には、才助他界のころのことについて、「幕府は才助を旗下の臣となさんとす。才助辞するに、二君に仕えずとす。幕府諭(さと)すに土屋に仕うるも、将軍に仕うるも、国家の為なり。何(いず)れが重きか熟考せよと。」そこで、才助も心動き、藩主の許可を得て幕府に仕えようとした。折しも、病にかかり、不帰の客となった、という話を載せた。どんな資料によったものかわからないが、前後の事情から見て、そのようなことが、たしかにありそうだ。

才助の為すべきだった二つの仕事

才助は『魯西亜国志』を幕府の命によって翻訳したが、その後も、何か翻訳の内旨があったのだろう。北方に現われたロシアの圧力を強く感ずるようになった幕府は、才助が死んでから、間もなく、その年の十二月に、天文台に地誌御用の一局を設け、大学頭(だいがくのかみ)林述斎と天文方高橋景保に世界地図編集を命じた。

天文方高橋景保は、すでに『魯西亜国志』の翻訳によって、才助の力量を十二分に認めていたし、また柴野栗山によって内献された『訂正増訳采覧異言』も、景保の目に入っていた。そうして見ると、江戸幕府新設の地誌御用局へ世界地理学者山村才助の前途は、太い一直線で、目近かに結ばれていたわけだ。

才助が翻訳をはじめた『ゼオガラヒー』の全訳は、才助が死んでから、二十年もたって文政十年（一八二七）に至り、漸く青地林宗の手で『輿地誌』六十五巻に完成された。この時、林宗は、幕府の命を受けてこれを訳したので、「歳に銀廿鈑を賜」わったとある。才助がもう少し生きていたら、この仕事も、二十年の歳月を青地林宗に待つこともなかった。当然、これも才助の手で処理されるべき仕事であった。

惜まれた才助の死

生前における才助の性格に対する批評とか、感情の行きちがいとかは別として、この蘭学者の死は、心ある人人から痛く惜まれた。

才助の伯父市河寛斎は、大槻玄沢の六旬（六十）を寿ぐの詩三首を作った。その一首に、

「西学成ㇾ人。教不ㇾ凡。天酬風骨。更巉巌。寿筵捧ㇾ酒。誰為ㇾ首。可ㇾ恨。佳辰欠二阿

咸ヲ。（余曽テ使ニ外姪山邨昌永受ニ業先生一。業已成而早亡。）」（『寛斎先生遺稾』）

というのがある。読み易くしておこうか。

「西学、人を成す。教え凡ならず。天酬の風骨、更に巉巌。寿筵、酒を捧ぐ。誰か首を為ん。恨むべし。佳辰、阿咸を欠くを。（余曽て外姪、山邨昌永をして業を先生に受けしむ。業すでに成りて、早く亡し。）

磐水大槻先生の六十の祝

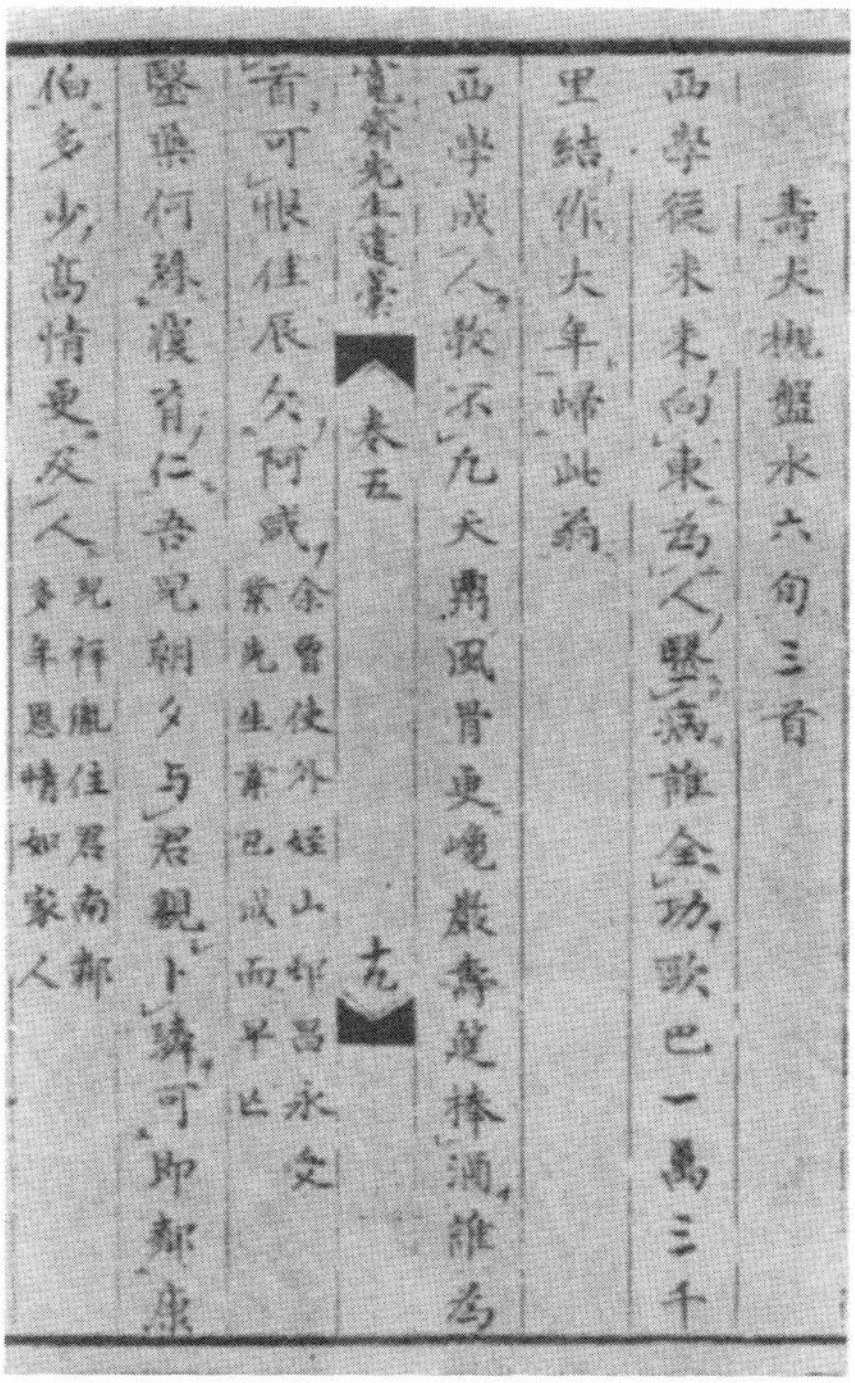
壽大槻盤水六旬三首
西學從來未向東。爲人醫病雖全功。歌巴一島三千
里。結作大年歸此翁。
西學成人教不凡。天酬風骨更巉巖。壽筵捧酒誰爲
首。可恨佳辰欠阿咸。（余曽使外姪山邨昌永受業先生。業已成而早亡。）
寛齋先生遺稾　巻五
醫藥何緣復育仁。吾兒朝夕與君親。卜隣可即郷康
伯。多少高情更及人。（兒祥胤住居南郷。多年恩情如家人。）

『寛斎先生遺藁』にのせた大槻玄沢六十を祝う市河寛斎の詩

賀に当って、首として、酒を捧ぐべきはずだった阿咸（おかん）（外姪（がいてつ）すなわちそとの甥のこと）山村才助の亡（な）いのは、いかにも残念だというのである。更にこの詩につけた寛斎の説明は注目に値いする。寛斎は、わが肉親なる姪（てつ）（おい）才助の「業すでに成りて」といった。もし才助の命ながらえてあれば、蘭学の業成った才助が、大槻玄沢の正統を承けて、なお余りあったであろう。

大槻玄幹の才助評

玄沢の嗣子玄幹（げんかん）は才助が死んだ時、二十三歳であった。玄幹も才助をよく知っていたはずである。この玄幹が書いた父玄沢の略伝に、『先考行実』というものがある。その中で、玄幹が父玄沢の門人に言及した所がある。そこに、

「君（玄沢）の門人数百人、中に就（つい）て、土浦の藩士山村才助、訂正増訳采覧異言を著す。栗山柴野博士に申して進呈せしめ、次で魯西亜国志翻訳の旨を奉ぜしむ。業を終（おえ）ずして死す。」

といった。

芝蘭堂大槻玄沢門下生数百人の中、その第一番目にあげられたのが、実に山村才助であった。せめてものことではある。

第四　鎖国時代洋学史上の才助

一　鎖国時代の世界地理学を集大成した才助

白石と如見とは併行

鎖国時代に入ってからできた世界地理関係の著作で、後世に、その影響の多かったのは、何んといっても新井白石の『采覧異言』と、西川如見（じょけん）の『増補華夷通商考』『四十二国人物図説』等である。

だが、ふしぎなことに、新井白石と西川如見はおよそ同時代に東と西に活躍していたのに、その世界地理学には殆んど無関係であった。もっとも、白石の著述は出版にならなかったので流布（るふ）しにくいこともあった。それに引かえて、如見の著述は、みな版になって公刊された。白石が『増補華夷通商考』を見てもいいはずである。白石は『外国通信事略』の後に、「中華并外国土産」という、世界各地の物産や、諸外国とわが国の距離などを書いた資料を附録したが、これなどは、如見の『増補華夷通商考』があれば、無くもがなのものである。

白石と如見の使った資料の相違

白石は『西洋紀聞』や『采覧異言』を書くのに、利瑪竇の『坤輿万国全図』を大いに利用した。しかし艾儒略の『職方外紀』は、ついに一度も見なかった。ところが如見は『職方外紀』を、翻案までして『華夷通商考』を増補したのに、利瑪竇の『坤輿万国全図』は用いなかった。如見は『両儀集説』の中で、利瑪竇のもう一つの世界図『両儀玄覧図』に言及しながら、『増補華夷通商考』にその名さえも見えてはいない。同書の巻三に出した「地球万国一覧図」は、利瑪竇の世界図系統の略図だが、これは、利瑪竇の原図から来たのではなく、直接には当時長崎あたりで作られた『万国総図』の類が手本となったものであろう。

白石と如見はおのおの著作に使った資料の点でも、並行線を通って結ばれる所がない。学問ごとに鎖国時代における海外地理学の負わされた鎖国的性格だといえば、それまでだが、とにかく、白石と如見が、全く別々にあったことは、おかしなことだったし、また日本の世界地理学史の上に不幸なことでもあった。

白石と如見を集めて大成した才助

白石と如見の世界地理学を集めて一本にまとめ、それに新しく蘭学の着物をきせて高く大きくしたのは山村才助であった。

才助は、如見の『四十二国人物図説』に訂正と増補を施して、『訂正四十二国人物図説』を作った。

才助は、白石の『采覧異言』に命（いのち）をかけて訂正と増訳を加えて『訂正増訳采覧異言』十三巻を作った。

白石と如見の世界地理学を集大成したのは山村才助であった。もう一度、ふりかえって『訂正増訳采覧異言』の引用書目を見よ。そこでは、いかにして才助以前の世界地理学資料が才助の手に集められ、批判・考証され、再組織されたかを一目

鎖国時代の海外地理研究の困難

で見せてくれるであろう。外国と交通を鎖し、国民の眼を外国からとざそうとする幕府の政策の中で、外国事情を歴史的にも地理的にも調査することは頗る困難なことだ。実証を政治的に権力によって閉された鎖国時代の世界地理学は本草学より、医学より、他のどの学問よりも、困難な運命におかれた。やがて来るべき高橋景保の惹きおこしたシーボルト事件、渡辺崋山・高野長英らの捕えられた天保蛮社の獄、吉田松陰の日本脱出計画失敗等、いずれも、鎖国時代の海外地理学の行きつく運命であったと見てもよい。

時代的背景を無視することはいけないし、また、その業績が専ら学術的で、政策論に及ばなかったことなど考慮に置かなくてはいけないが、それにしても、鎖国の中で最も困難な仕事を成しとげた山村才助は偉かった。鎖国時代の世界地理学の集大成者として才助の学史上における位置は、誰が何といっても、そうたやすくは動くまい。

才助のした学問は封建的ではなくて、近代的だった。しかし、ここに注意を要することは、才助の場合、その研究結果の多くを個人の手中に閉じ込めてしまったことだ。才助の学問の処理の仕方は封建的だった。だが、才助の学問の近代的内容は死滅しなかった。後の人人によって、いろいろの立場から、才助の業績は利用されて、その本来の近代的・啓蒙的性格を現わすに至った。

二　日本における西洋史学を創始した才助

世界地理と世界史の関係

すでに地理は歴史の場所的構造だといった。世界の地理を知るということは、世界の歴史の到着点を場所的に知ることなのだ。山村才助は世界地理を研究して、寛政・享和・文化初年にかけて、これに並ぶ者を見なかった。才助は世界史の到着点を場所に即して研究して、当代に並ぶものがなかったといいなおしてもさしつかえない。世界史の到着点を知ろうとした才助が、世界史の出発点をたずねようとしたのも、また極めて当然だった。ここにおいて、世界地理学者山村才助は、そのまま世界史学者でもあった。才助の『訂正増訳采覧異言』を世界史書と見ても必ずしも間違いではない。『西洋雑記』のごときは、むしろ、歴史的な物語が、その大部分を占めている。

佐藤信淵の『西洋列国史略』

佐藤信淵著『西洋列国史略』叙言の一部

才助の著作は、やがて佐藤信淵にとり上げられた。そして、それが信淵の『西洋列国史略』へと育つ。

信淵が『西洋列国史略』に書いた叙言は信淵の西洋史が、才助の西洋史学から出ていることを物語るので、ここに出しておく。

「文化戊辰の年、予集堂氏に陪して、阿州徳島府に在り。集堂氏深く予の蕃説を嗜を知て、日夜予に問に西洋の事実を以てす。予曾て槐園の宇田川玄随先生に従学し、かつ、亡友山村昌永氏と遊で、西洋諸史の所載を聞けり。ここにおいて、西洋開闢より、洪水および四大君沿革の事略と、その他四大洲中の帝者および自立諸王国の小伝と、諸国海船の至る所と、交易の通ずる所とを筆記して、上下二冊の書となし、西洋列国史略と題し、以て、これに贈る。蓋し国家の利益を興すは海舶通商より大なるはなし。斯編や瑣爾たる小冊子なりといえども、悉く世界の機変、当世の要務を載す。希くは、心力を眼目に用いて、軽〻しく看過することなくんば、則ち予の志願、足りぬという。」（文化五戊辰の季冬十二月中旬、阿藩の大夫集堂氏の寄客佐藤百祐撰）

才助の『西洋雑記』と信淵の『西洋列国史略』の関係

信淵は宇田川玄随に学び、また山村才助と交際があったというが、それが事実かどうか、玄随や才助の側からはわからない。しかし、信淵が才助の『西洋雑記』を、殆んどそのまま使って『西洋列国史略』を書いたことは、あらそわれない事実である。信淵の『西洋列国史略』と才助の著作との関係については、つとに大久保利謙氏が精詳な考証の結果を『日本近代史学史』と『鎖国時代日本人の海外知識』(西洋史の部)で教えてくれた。大久保氏の研究によって、信淵の西洋知識が、いかに多く、才助に負うかを見よう。

『西洋列国史略』の組織

信淵の『西洋列国史略』の巻一は、世界の開闢と古代世界と各国志の三部から成っている。その第一部をなす世界の開闢説話、アダムとイブの話、洪水伝説、バビロニア・ペルシア・ギリシア・ローマの古代世界の叙述は、才助の『西洋雑記』第一編にある「世界開闢の説」から「西洋中興革命の説、諸国年号の説」までを殆んどそのままとったもの。その第二・第三部をなす部分も、前野良沢の『魯西亜本紀』や才助の『訂正増訳采覧異言』を取捨(しゅしゃ)してできている。

巻二は、また才助の『西洋雑記二編』を種本(たねほん)にして書いたものである。

大久保氏は、信淵の『西洋列国史略』と才助の『西洋雑記』を比較して、この

信淵は日本の西洋通史の先駆者

両書の関係について、信淵が才助の本を粉本（ふんぽん）としたというより、それは、むしろ剽窃（ひょうせつ）したといってもよいほどだとされた。しかし、大久保氏は、またわが国における西洋通史の先駆者中の第一人者として佐藤信淵を推された。その理由は、信淵によって『西洋列国史略』という、西洋通史らしきものが書かれたからである。信淵はその資料を殆んどそのまま才助の著作から剽窃したが、それを取捨し並べなおして、これを『西洋雑記』といわずに『西洋列国史略』といった。これがわが国における最初の西洋通史たるの栄誉をになうものであった。では信淵をして、日本における西洋通史の先駆者たらしめたのは誰か。それは、実にわが山村才助であったのだ。

もし日本の西洋史学史上に佐藤信淵の『西洋列国史略』の持つ先駆的位置が不動のものであるなら、それの基本となった山村才助の『西洋雑記』『訂正増訳采覧異言』の存在も、またわが国、西洋史学史上に忘れられてはなるまい。

三　才助の著作が思想界に与えた影響

1　『西洋雑記』を盗んで西洋通史を作った佐藤信淵

信淵しきりに亡友山村才助を使う

信淵が才助の著作をつぎ合わせて『西洋列国史略』を作ったことは、上に見た。信淵は『西洋列国史略』の下巻を論じおわって、そこに「右諸件を今載記するもの、みな先師槐園(かいえん)先生に聞ける所なり」と書いた。その内容から見て、これは宇田川槐園とするより、むしろ、「亡友山村昌永の著作に負う所なり」とした方が正直そうだ。なお、同書に附録された『防海策』の中に、信淵は「わが先師槐園先生の東西病考を祖述し、かつまた亡友山村氏と議して、先年第那瑪爾加(デネマルカ)国より、彼氷海夜国(かのひょうかいやこく)なる大寒地、依蘭土(エイスランド)および臥児狼徳(グルンランド)を開発せし書によりて、詳かに病源を論じ、治法を明かにし、以てその精微を究極せり」と書いた。また同じ書中に、南方諸島経営のいわゆる図南（となん）の基礎を論じた所がある。そこでは、瓜哇（ジャワ）・渤泥（ボルネオ）より以南の南海炎熱の地に出没する軍卒の疾病対策を考えて、「亡友山村昌永氏と議して、先年、波爾杜瓦爾（ボルトガル）国より亜墨利加（アメリカ）洲の伯西児（ブラジル）国を開きし書を主とし、増加（ましくわ）うるに先師宇田川玄随先生の東西病考を以てし、その病源および治療の方法を明弁し、書を著して、その変を詳（つまびらか）にせり」などといった。ここに「伯西児（ブラジル）国を開きし書」とは才助の『新訳東西紀游』巻一、伯西児の所を指したものであろう。

才助は封建社会に安住した人

才助の残した業績は、いずれも実証と批判と考証による近代科学的なもので、時務・政策に言及したものが見当らない。才助は、その師大槻玄沢と共に、自分が住んでいる世の中の組織が悪いと考えたことはなかったようだ。むしろ、幕府にも仕えて、この社会体制の中に、自らの安住の所を得ようとした。科学的な方法と態度を重んじた蘭学は、封建社会とは必ずしも相容れるものではない。しかし、江戸の蘭学に任じた人人は、蘭学そのものの性格と、また必ずしも同方向に向っていたわけではなかった。才助も、そうだが、蘭学者才助を育てた周辺の人人はいずれも、自分の住む世を、別して悪いと思えない生活をしていた。蘭学という進歩的な学問をした才助ではあるが、そのころの才助は、その師友と共に、官学書斎派に属したといってよい。だから、才助自身、著作を出版しようともしなかったし、街頭に出て、どうということもなかった。

信淵は才助の著作を世にふりまいた

才助の著作を、自らのふるいにかけて、自らの仕事に都合のよい所だけをとり上げ、うまく焼き直したのは佐藤信淵だった。そして、それを国内的にも国際的にも大いに混乱した幕末の日本に、ふり撒いたのが佐藤信淵だった。信淵にとって、才助は亡友だ。信淵が何をいっても、もはや文化四年(一八〇七)九月以後においては、亡友才助が知る由もない。信淵は、いかにも、才助の生前において、親しく、その新説をきいたようなことをいったが、それも実はどうだか怪しいものだ。

しかし、書斎派才助の業績が信淵を通じて、幕末の時勢に広いかかわりを持つことになったことを忘れてはなるまい。

2　いち早く才助の著作を利用した近藤守重

守重(もりしげ)は才助の生前に交渉のあったことが十分考えられる人だ。大槻玄沢が『北辺探事補遺』巻二を編集していた時、守重は『考定新製蝦夷図』二帖と「新著(しんちょ)する所の」『辺要分界図考』とを玄沢に贈った。玄沢は、この書は「彼家(かの)の秘笈(ひきゅう)なり」といった。その秘笈を授受した玄沢と守重の間は、ごく近いと見てよい。そうすれば、すでに才助と守重の間も、さほど遠くはないはず。

『辺要分界図考』に才助の著作が利用された

守重の『辺要分界図考』には、「文化元年甲子(こうし)十二月二十三日　小臣近藤守重謹記」の序文がついている。それは才助の『訂正増訳采覧異言』と殆んど同時の作といってよかろう。ところが、この『辺要分界図考』の引用書目に才助の著述が二

守重によって才助の著作時務に役立つ

つ出ている。それは『采覧異言増訳』と『大西要録』である。『辺要分界図考』には、なるほど、巻七モスコビヤの条に「采覧異言増訳云(にいわく)」として、才助の按文並びに増訳の所を引用した。また同じ巻七に『大西要録』が引用された。そこには、「この書は和蘭のアムステルダムにおいて、レグネル=エン=ヨシェ=オッテンスと云う人の所刻の万国全図中に所載なり。山村昌永訳」と説明がついている。

才助の著作がその完成と殆んど同時に守重にとり上げられたことがよくわかる。守重の引用書目には『ゼオガラヒー』と『コーラント=トルコ』と『ベシケレイヒンキ=ハン=リユスランド』と三つの蘭書があげられた。後の二つはいいが、『ゼオガラヒー』は才助に見せてやれなかったものだろうか。或いはこの『ゼオガラヒー』が才助の手に繙(ひもと)かれることになったものだろうか。

守重の編集したものに『外蕃通書』というのがある。残念ながら成立の時を明確にしがたい。その第二十四冊の「阿瑪港(あまかわ)書一」の条に『新訳印度志』が引用された。また同じ所に「西書」として、「ヨハンニイウホフ支那紀行」と割註をいれたものが引用された。もちろん、この『外蕃通書』にも『訂正増訳采覧異言』は大いに利用された。つまり才助の著述が幕吏近藤守重によって、大いに時務に役立ったということであろう。

3　才助の誤訳を訂正した高橋景保

高橋景保と才助の関係

この本のはじめに弁じたように、高橋作左衛門景保を才助の蘭学の師とすることは誤りである。しかし、景保と才助は、才助の生涯の終りのころには、相当深い関係ができはじめていたのではなかろうか。才助に『魯西亜国志』を翻訳させた人、また才助を官に推薦した人、その人に景保をあてて見ることは必ずしも無謀ではない。

それは玄沢の『環海異聞』編集中のことだった。『茂質丙寅(文化三年(一八〇六))初秋、間

東京大学図書館の『訂正増訳采覧異言』

氏を司天台（してんだい）の役宅に訪う。光太夫来り会せり。」（『環海異聞』）と。間氏とは、大阪の質屋の主人、間五郎兵衛重富のことである。この時重富は、死んだ親友高橋作左衛門東岡（とうこう）（文化元年（一八〇四）歿）の子、天文方高橋景保を助けて、天文台に出仕していた。この時、景保は、まだ二十二歳であった。景保は何しろ傑物だったので、重富や伊能忠敬や間宮林蔵や、後には大槻玄沢はじめ蘭学者を何人も動員して、学問上の大仕事をいくつも成しとげた。

さて、天文台に間（はざま）を訪ねて、大黒屋光太夫とも会う大槻玄沢であった。間を通して、高橋景保と大槻玄沢の間は全く近い。玄沢を通して、才助も景保とま近いはずである。

東京大学図書館に、もと「帯経舎蔵儲（ぞうちょ）」の『訂正増訳采覧異言』の善本がある。地図の部に、他の写本に見られない日本並びに、その北方の地図一枚が挿まれていることと、本文中に高橋景保の書き入れのあるのが特色である。

景保『訂正増訳采覧異言』の誤訳を改む

巻三カスティラの条、『万国伝信紀事』増訳の「瑪杜里鐸（マドリド）という。これ乃（すなわ）ち伊斯把儞亜（イスパニア）国総王所居の都城なり。この都内に新旧の二郭（かく）あり。みな環（めぐ）らすに高墻（こうしょう）を以てして大門を開く。凡そ」という記について、朱の頭注がある。そこには「景保按（あんずる）

東京大学図書館蔵『訂正増訳采覧異言』の一部。高橋景保の頭注正誤文がある。

に、此訳誤れり。今改レ之。」（よみがな筆者）として、「マトリドと云。これ乃ち伊斯把儞亜国王の所居なり。乃ち新加西蠟の内マンサナレス河の辺にあり。この新加西蠟の内新旧の二都あり。共にその国境墻もなく、また門もなし。但し、その四面みな山を以て囲みて、小道を通ず」と改訳した。そのほか「保按」として、本文中に入れた按文がいくつもある。中には「宜しく改正すべし」といったり、「恐くは山村氏の誤訳なるべし」といって、訂正を加えた所もある。

これは高橋景保が、ていねい・めんみつに才助の『采覧異言』の訂正増訳の部に再検討を試みた証拠である。

高橋景保のえらさ

才助と同時代の識者たちが、才助の著作を利用した場合、たいていは才助の書いたものを、そのまま鵜呑みにした。というより、才助の上に出ることが困難だったといった方がいいかも知れない。

高橋景保という人は、才助をうわまわる蘭学の力量を持っていたものだろうか。

この人のほかに才助の『訂正増訳采覧異言』の誤訳をこれだけに訂し、内容をこれだけに改正し得る人は、当時の日本には何人もいなかったはずだ。

高橋の、この研究調査は、おそらく、彼の『新訂万国全図』作製のために展開されたものであろう。高橋の主宰のもとに完成したこの『新訂万国全図』は、文化七年(一八一〇)亜欧堂永田善吉によって銅版印刷になった。この時代としては、世界に誇り得る立派な世界図である。この地図にも景保や、これを助けて司天台にいた間重富を通じて、才助の業績は利用されたと見てよかろう。

4 〝こんないい本はありァいたさんでござる〟と才助の著作を宣伝した平田篤胤

やがて国学者平田篤胤の手にも才助の『訂正増訳采覧異言』はとり上げられた。篤胤は、たくさんの聴講者を前に熱弁をふるって、才助の著作を大いに宣伝した。

『古道大意』に利用された才助の著作

篤胤のいわゆる古道をもっともわかり易く説いたものに『古道大意』二巻がある。この本は「平田篤胤先生講談」するところを「門人等筆記」したもの。文政七年（一八二四）正月にこれを平田鉄胤が出版したことになっている。

では平田篤胤先生の講談に、ちょっと耳ならぬ目をかしていただきたい。

「さて先刻申すとおり。五大州の内。第二に当る。エウロッパの諸国の人々は。この大地のぐるりを。自在に乗回して。万国の事体をよっく見たり聞たり尋たりして。その国国の風俗・産物・人気。また土地がらの事までを。とっくり考えて。かの蕨の芽だちや。蚯蚓を見たような阿蘭陀文字で委しく記したる書物がいろいろ有て。それを御国の詞に翻訳して。万国の有様を。一と目に見えるようにしたる物が。山村才助昌永の。増訳采覧異言と申して十二巻。尤国々の図も附ている。これは一体。新井筑後の守白石先生の。采覧異言という書を。増補いたしたるもの。実は公儀の御息の挂って出来たる物で。万国の事を知るには。実にこの位の物はありや致さんでござる。但し是には御国の事が洩ている。その故は我国の事で。誰も知たること故に。外国人の評議

この位のものはありァいたさんでござる

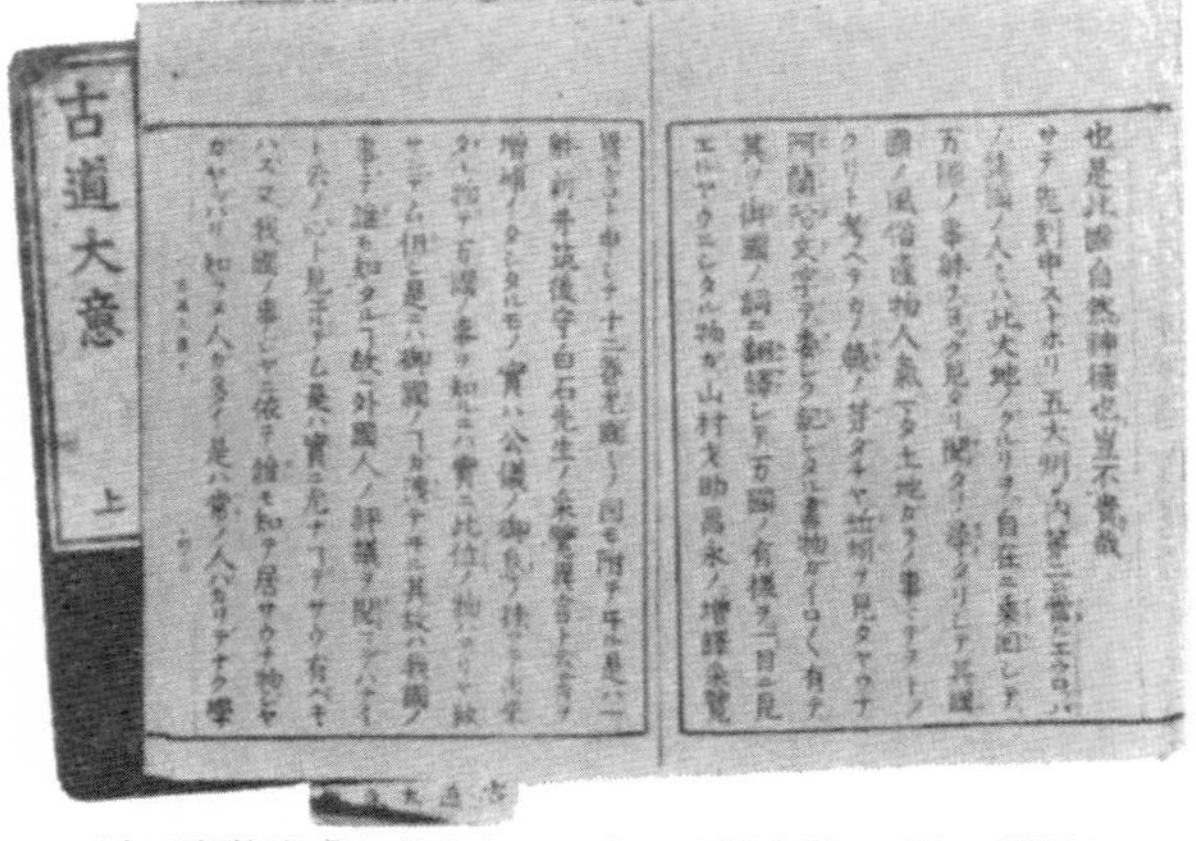

平田篤胤著『古道大意』下巻。山村才助の『訂正増訳采覧異言』に言及した一節。

を聞まではない。というの心と見えるでござる。」

篤胤大先生の講談によって、才助の『訂正増訳采覧異言』は、万国の事を知るためには、「この位のものは、ありや致さんでござる」と絶讃を得た。そして、その筆記は、またそのまままいちいち文字によみがなをつけて、大衆向けに出版された。才助の『采覧異言』訂正増訳に無条件で感服した篤胤は、『気吹舎文集』の中でも、「都て万国の風土を察すべきは。山村昌永の増訳采覧異言。いと委しく記せるものなり」と、くりかえした。篤胤はその国学を論ずるにあたって、好んで、世界地理を談じたが、いつも、才助の『訂正増訳采覧異言』を座右にしたらしい。その証拠には、『大扶桑国考』（上）を書いた時も、「この謂ゆる巴太碁羅須の事は、新井君美ぬしの采覧異言に、その見聞に及ばれし、長人の伝説を集め、その所見を述られ、山村昌永が、この書の増訳に、西洋書数部引きて、精く載せり。」などと、その細い所まで引用した。また篤胤は『印度蔵志』の中に、「山村氏の雑記に見えた」ところを引用した。これは、もちろん才助の『西洋雑記』のことであろう。つまり、才助の遺作は信淵や篤胤の大きな風呂敷につつまれて、日本中に持ちあるかれ、ばらまかれたということだ。

5　才助の『人物図説』を剽窃出版して
もうけた永田南渓と関蘭斎

永田南渓（なんけい）がどんな人なのか知らない。しかし、この人が日頃蒐集（しゅうしゅう）して、積んでおいた書物や書画の中に、はやくから海外の人物を書いた一冊があったこと、これを一光斎芳盛に描かせ、『海外人物輯』（上・下）と銘うち、官許を得て嘉永七年（一八五四）に公刊したことは事実である。

永田南渓の『海外人物輯』

永田南渓の出した『海外人物輯』（美濃判木版色刷）の序文によれば、南渓が写しておいた海外の人物図と西川如見の『万国人物図説』を比較して見ると、南渓が写しておいたものの方が、絵も説明も、「いとまさりて見ゆれば、」そのまま虫の住家（すみか）とするのも惜しいので、これを上梓（じょうし）するのだとある。

そのもと絵を、どこで写したものか、またそれは誰が描いたものか、この序文

種本は才助の『訂正四十二国人物図説』

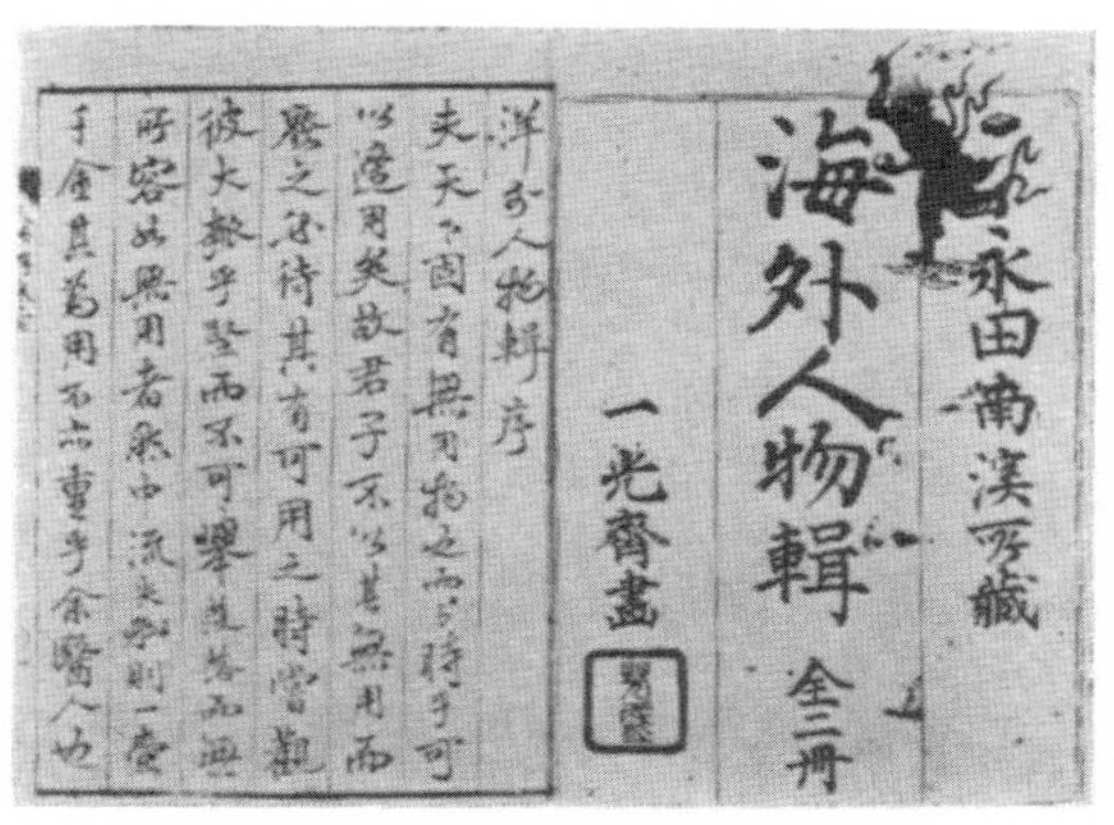

永田南溪の『海外人物輯』
実は才助の『訂正四十二国人物図説』を剽窃して出版したもの。

だけではさっぱりわからない。下巻の終りには「訂正四十二国人物図説附言」というのがついている。これは、またそのおわりに、ただ「何某誌」とあるだけで、これだけでは、その素性を明らかにできかねる。ところが、この附言を読んで見ると、前にもいくども引き合いに出した文句で、「門人山村子明は、幼より地理の書を嗜み、余に従って西学を習うこと年あり。」なんていうのが出て来る。そこで、もういわなくても、わかったようなものだが、これを、いま、早稲田大学図書館にある山村才助の『訂正四十二国人物図説』と比較して見ると、殆んど同じものである。原図説には、大槻玄沢の序（八九・九〇頁参照）が巻頭にあって、更に本朝人物の図三つを添えたが、ここに見る幕末の刊本は、序を巻末に移し、玄沢の名を落し、本朝人物の図も省いてしまった。しかし、中身は全く同じだといってよい。相違点を強いて探せとならば、図説は片かな書（九六頁参照）だが、刊本は平がな書になっているぐらいなものである。書名を変え、大槻玄沢の名を落し、山村才助の名も表に出さなかったこの本は、「官許」などといっても実は立派な剽窃本だ。

才助の本が世に出る

しかし、考えて見ると、才助苦心の作『訂正四十二国人物図説』は大槻家の本箱にただいたずらに納ったままで、人の目にふれなかったはずである。それは立派な業績だというだけで全く死蔵だというよりほかない。ところが、誰が、どうして、大槻家の原図説を写しとったのか、それが、またどうして永田南渓の手に

関蘭斎と『改正海外諸島図説』

永田南溪の『海外人物輯』フランスの条。
実は才助の『訂正四十二国人物図説』と同じもの。

入ったのか、さっぱりわからないが、とにかく、才助がこの人物図説を作ってから、五十三年も後に立派な本になって公刊されたのだ。

さて、また関蘭斎とは何者であろうか。この人についても、知るところがない。ここに『改正海外諸島図説』(半紙半截、色刷、前後二集)という、人物図説がある。その後集にのせた蠖屈陳人の序文には、

「昔人、万国人物図説の著あり。今を距る百有余年。形容言語、あに変

柳川重信畫

改正 海外諸島圖説 前集

東都 弘道軒藏

海外諸島圖説序

関蘭斎の『改正海外諸島図説』序の一部
序文は西川如見の『四十二国人物図説』からそのままとったもの。

革あらざるを得んや。これを以て、友人関蘭斎、古を酌み、今を按じ、その事実を取切するもの。校讐弥月にして、漸くその稿を脱す。遂に剞劂氏に命じ、これを世に公にす。然る後、四十二国人物の風俗、粲然として観るべく、その功また偉なるかな。謂う所の、青は藍に出て、藍より青きに在るか。

嘉永壬寅冬十一月」（原文は漢文）

とある。絵は浮世絵師柳川重信が描き、板元は東都の弘道軒とある。序文によると、この本は関蘭斎苦心の作のようである。しかし、この本は、また全く山村才助の『訂正四十二国人物図説』そのままである。

『海外人物輯』をぬすんだか

　永田南渓の『海外人物輯』が嘉永七年（一八五四）秋八月ごろ出たとすると、同年十一月に出たこの『改正海外諸島図説』は、永田本を窃（ぬす）んで、少しばかり体裁を変えて出したものであろうか。『改正海外諸島図説』の方は、はじめに長久保赤水流の万国図をつけたりしたが、大槻玄沢の序文は、ついに取りのぞいてしまった。だから、この本だけ見ると、本当に関蘭斎が直接に西川如見の『四十二国人物図説』を増補改正したのかと思わせる。しかし、これまた官許などといいながら、『海外人物輯』が世に出ると間もなく、これを窃（ぬす）んで、こしらえたのに相違ない。ここで、才助の『訂正四十二国人物図説』は重盗されたわけだ。永田南渓なるものも関蘭斎なるものも、いずれ劣らぬインチキ学者だというよりほかはない。

『訂正四十二国人物図説』版を重ねたこと

　だが、この怪しげな二人の学者によって、才助の『訂正四十二国人物図説』は、

嘉永七年という年

関蘭斎の『改正海外諸島図説』カナダの条
実はこれも才助の『訂正四十二国人物図説』を剽窃したもの。

図らずも版を重ねた。

こころみに年表をくって見よ。この二つの本が公刊された嘉永七年(一八五四)は、その十一月に安政と改元された。

前年から長崎に入っていたロシア使節プチャーチン Putiatin, Euphimius 大将が正月に長崎を去ったと思ったら、間もなく、アメリカのペリー艦隊が、前年の約束に従って、再び浦賀に入って来た。三月には、ついに日米和親条約が結ばれた。

世はまさに「蒸気船（正喜撰）たった四はいで夜もねられず」で、上を下への大さわぎの年である。

五十年も前に書いた才助の『訂正四十二国人物図説』が、ごていねいに重盗出版されて、飛ぶように売れる歴史的環境が、嘉永七年の日本の姿であった。

わが山村才助先生も、あの世に在って苦笑を禁じ得なかったことであろう。

6　才助の著作を利用した

蜀山人・崋山・松陰・拙堂・天功

才助の著作を利用したのは、上にとり出した数人に止まらない。

大田南畝

蜀山人大田南畝は『一話一言』巻二十六に『訂正増訳采覧異言』に言及した。蜀山人の見たその本には「夢遊秘書第一種」とあり、また「磐水大槻先生閲　江都山昌永子明増訳」とあったようである。これは、きっと杉田紫石に見せる以前の原(もと)本(ほん)だったに相違ない。

渡辺崋山も『訂正増訳采覧異言』を所蔵した。現に天保蛮社の獄の時、崋山宅から幕吏が押収した崋山の手沢本が上野図書館にある。崋山の手沢本は八冊になっていて、第七巻から、第十一巻までが欠けている。題簽(だいせん)は八冊とも崋山の自筆である。巻三・四および十二には、「田原藩士渡辺登(のぼる)蔵書記」の印がある。巻四には四ヵ所に小関三英の按文附箋がはってある。たとえば

「諸児満第亜(ノルマンデア)元よりフランスの郡なり　好義(小関)諸西史を按(あん)ずるに、この時ノルマンチアより侵されたる事なし。デエネマルカおよびノールマンネンより侵されたる事あり。ノールマンネンはノールウエーゲン人の事なり。恐(おそら)くは語音の似るによって誤りたるなるべし。」(十一枚目)

というごときものである。多分、この本は崋山から尚歯会(しょうしかい)(崋山や高野長英を中心とする進歩的な知識人の研究会)

の同志に回覧されたものであろう。

吉田松陰は安政元年(一八五四)三月二十七日、ペリー艦隊に投じて、アメリカに渡航しようとして失敗した。その罪によって、松陰は、この年十月二十四日から、翌(あく)る安政二年十二月十五日まで藩獄(野山獄)で暮した。松陰はこの獄中生活の間にたくさんの書物を読んだ。その時の読書の次第を書いたのが『野山獄読書記』である。その安政二年四月の所に、「訂正増訳采覧異言七冊、十四日了」とあり、更に同じく四月の所に、「采覧異言六(七より十二に至る)二十二日、二十四日了」と記している。『吉田松陰全集』の編者は、この後の方の記に註を施して「新井白石著」とした。しかし、これは七より十二に至るとあるから、白石の『采覧異言』(全五巻)ではなく、松陰が同月十四日に読みおわった山村才助の『訂正増訳采覧異言』第六巻までのつづきでなければならない。

松陰は『叢棘随筆(そうきょくずいひつ)』の中に、「訂正増訳采覧異言に、邏馬(ロウマ)の大書堂には蔵書六万二千余冊、また経典六千余冊と、また入爾馬泥亜主の書堂には書籍十余万冊、その他古の経典極めて多し」といった。これは才助の『訂正増訳采覧異言』巻一「花低葛安」(ヴァチカン)の宮の所にある「中に八つの大書堂あり。制作壮麗なり。貯うる所の書籍二千余冊、また経典六千余冊、就中珍とし飾とする者は、太古の時の経典あり」という記を指したものである。

松陰の坐右にも『訂正増訳采覧異言』は常に置かれたものと見てよい。

斎藤拙堂は、幕末津藩(三重県)の儒者として、その名は一世に高かった。拙堂は中国に起った阿片戦争のことをきき、欧米列強の侵略の手は、遠からず日本にも及ぶものと思った。そこで、手あたり次第、海外関係資料を収拾して、世界事情の調査をした。拙堂の『鉄研斎輶軒書目』は、その時、集めた海外関係資料の目録とその解説であった。拙堂は、この書目の劈頭に、新井白石の『采覧異言』と山村才助の『増訳采覧異言』と青地林宗の『輿地誌略』と、三部をあげた。そして、その解説に、「わが邦に西洋地理の説を伝えたのは、新井白石を以て、その始めとする。しかし、白石の書は草創に属し、疎謬も少くない。文化初年に至って、山村昌永は、更に、これを増訳し、その説は、始めて備わったということができる」と述べた。

拙堂の『西洋雑記』解説

拙堂は同じ書目の中に才助の『西洋雑記』をもあげて、解説した。そこには、「明人は職方外紀を得て始めて五大洲万国のあることを知った。しかし、その説は、なお草創に属し、疎謬も少くはない。その後二百余年を経て、今日に至ったが、清人にして、五大洲を説く者、なお職方外紀によって、その他に、より詳細な書のあることを知らない。何たる陋いことであろう。わが邦の人は種々の事において漢土に教えをうけたが、ただ地理学だけは直ちに西洋から輸入して、明・清人よりもはるかに勝れた。昌永は多くの西書を訳し、地理学を闡明した。この書の如きは、やや荒唐に渉るものがないでもないが、しかし、また、もって、その風土・物産の大概を識るには十分であろう。漢人の説く外国に関する妄誕とは、とても比較にはならない。」(訳意)

と、才助の『西洋雑記』を高く評価した。

豊田天功（とよだてんこう）は、幕末、水戸藩の儒員であった。この人が嘉永六年に書いた本に、『合衆国考』というのがある。この本は、アメリカ合衆国の歴史を説き、そのやがて、わが日本を窺う念のあることを警戒したものである。天功はこういった。「防海禦戎（ぼうかいぎょじゅう）の策、もっとも心を用いて経営措置（そち）せずんばあるべからず。今、その形勢を審（つまびらか）にして、防禦の計を建んと欲す。」そこで「その土地、封域開荒の初めより詳（つまびらか）にこれを説くなり」と。

さて、このような幕末の時勢に、このような目的で執筆された『合衆国考』に、山村才助の『訂正増訳采覧異言』は大いに利用された。

才助の著作は、ここにいくつかの例をあげたように、進歩的な立場の人の手にも、また保守的な立場の人の手にも、つぎつぎと伝写された。そして、才助歿後およそ半世紀にわたって、幕末の思想界に大きな足跡を残した。

第五　才助の子孫と贈位のこと

才助の生涯は、すでにおわった。その業績が、当時の世の中に、どう響いたかについても、一応見た。もう、この辺で『山村才助』の幕を閉じてもよい。しかし、少々気になるのは、若くして死んだ才助の後の山村家のことだ。

附録した山村家の系図を見れば、わかるようなものだが、もう一度、才助亡き後の山村家をのぞいて見よう。

その後の山村家

才助が死んでから、九年目であった。文化十三年(一八一六)六月三日に、才助の母まきが死んだ。三月おいて、同年の九月六日には、父司が死んだ。この年、まきが六十六歳、司が七十四歳と推定される。

才助の娘園の死

この年、才助の息子豊次郎昌宝は二十一歳のはず。その異母姉園は二十三歳であった。才助の一人娘だった園女（その）は、不幸にも、祖父・祖母の後を追うように、その翌（あく）る文化十四年（一八一七）九月二十一日に死んだ。

才助の子昌宝と孫の才次

山村家の後をついだ才助の一子昌宝は、天保十二年（一八四一）正月まで勤めたが、病気になって隠居。後を子の才次にゆずった。昌宝はその後、嘉永七年十月十八日、土浦（茨城県）で病歿した。行年五十九歳。父才助の『訂正四十二国人物図説』の偽版が江戸で出版された年である。

昌宝の四男鐘次郎

才助の孫に当る才次昌大（まさひろ）は天保十三年（一八四二）八月二十九日に、江戸づめから土浦へ帰任を命ぜられた。『土浦藩家譜』によると、才次には何か心得ちがいがあって、十石減禄された。その間の詳しい事情はわからない。才次は安政二年（一八五五）十月二十四日に病死した。時に年、三十一歳だった。子供がなかったので、弟の鐘次郎昌氏（まさうじ）が養子となって、山村家を継いだ。この人は昌宝の四男で、才次とは異母弟にあたる間（あいだ）。文久三年（一八六三）四月二十六日、常名台（したな）新郭、はノ十番屋敷を賜わって引越した。『土浦藩家譜』では、鐘次郎昌氏の時、どういうわけか山村家は禄高百二十石となった。才助の孫鐘次郎昌氏は、慶応元年（一八六五）五月三十日、年三十で死んだ。鐘次郎の長子は早逝したので、同藩の岡部弥兵衛の次男松吉を迎えて、山村家を継がせた。つまり、この松吉は、鐘次郎の妻の実弟である。

岡部松吉山村家をついで明治に至る

山村家は、この松吉の代に、世は明治維新となった。この松吉は慶応元年から、明治二年、廃藩の時まで、五年の間、土浦藩士として勤めた。この人の時は、山村家の禄高は百石となっている。

山村家の系図によると、この人は菊弥とあり、鐘次郎昌氏の次子になっている。おそらく、松吉が、明治になって、菊弥となったのではなかろうか。この人は大正七年（一九一八）七月七日、五十六歳で歿した。

才助の曽孫慶二山村家を継ぐ

菊弥にも子が無かったので、才助の四番目の孫、いいかえれば、才助の子昌宝の第四子隼之丞昌綱の次男慶二を入れて、山村家を継がせた。

この慶二の代、大正四年(一九一五)十一月十日、大正天皇即位の大典に際し、故人山村才助の学績を嘉し、国家に功労のあったものとして、従五位が贈られた。

慶二贈位記恩碑を建つ

慶二は、これを記念して、大正九年十月土浦亀城公園内に「山村才助贈位記恩碑」を建てた。

篆額は、土浦藩主のあと「正四位勲五等土屋正直」の筆。碑文は、大槻玄沢の孫大槻如電の作。書は市河寛斎の曽孫市河三陽(市河三喜博士の令兄)の筆である。

記恩碑文

「泰西の学、興立以来、講釈おおむね医人の手に出ず。その刀圭者流に非ずして、斯学に名を成す者、ただ山村才助あるのみ。名は昌永といい、字は子明という。土屋侯の世臣なり。幼より句読を市川寛斎に受く。既に長じ、新井白石撰する所の釆覧異言を閲し、始めて宇内五大洲あるを識り、その国態・文物を究めんと欲す。和蘭文辞に通ずるに非ざれば、則ち可ならざるを顧い、贄を大槻磐水に執り、横文読法を受けて後、東西の典籍百余種を渉猟し、稿を成す一十三巻。題して増訳釆覧異言という。磐水その首に記して曰く、それ蘭学の難、その事情に熟れ、その章句を解し、而して、これが訳を為すに在り。近く、わが社に遊ぶ者数十人。独り山村子明、夙に群籍に耽り、純ら渾輿の学に志す。寛政の初年、余に従って学ぶ。研鑽十年。この書を作為。聖化の万一に裨するあるを信ずるなり。書、享和三年に成る。当時、他の訳家とその選を異にして、方域利病、明備周悉、世用多きを極む。事幕府に聞え、特に一本を昌平学館に備う。たまたま西海俄羅の警あり。幕老命を伝え、その国情を訳述す。仍って、魯西亜国誌八巻を上つる。太だ嘉賞せられ、まさに擢んでて、公禄を与えられんとす。而して、疾に罹り荏苒終逝す。文化四年九月十九日。齢わずかに三十八。聞く者、哀惜す。その後、磐水華甲の宴に寛斎の詩あり。寿筵、酒を捧ぐる誰をか首と為さん。恨むべし。佳辰阿咸を欠くを、と。自ら註す。余、曽つて外姪昌永をして、業を先生に受けしむ。業已に成りて、早く亡し。乃ち知る。妣山瀬氏は寛斎の妹なり。家譜を按ずるに、本姓は佐々木。主馬秀時は加州（石川県）山村に居る。土に因って、氏に命ず。五世の孫昌義、寛文中、土屋侯に禄仕す。三伝、昌茂に至る。即ち考（亡父）なり。今上、登極の大典に功労の国家にある者を追賞す。才助また従五位を贈らる。実に卒後一百また九年。曽孫慶二、恩命を石に勒し、如電をして、その事を記せしむ。磐水はわが祖父たり。その言、彼の如し。寛斎の詩また此の如し。その功、その労、何ぞまた他に求めん。謹みて記す。大正九年十月。大槻如電文。市河三陽書。山村慶二建。」(原文は漢文。口絵参照)

とある。才助に縁深い人人の協力に成った記念碑というべきである。

この碑を建てた慶二は、大正五年(一九一六)まで茨城県庁や大蔵省に勤めた。そして昭和十年(一九三五)八月十四日、七十歳で歿した。

慶二に男子がなかったので、伊東吉知の五男謹吾氏が養子となって、山村家を継いで、今日に至った。いま茨城県土浦市荒川沖町東区一〇一〇に、その山村謹吾氏は健在である。

山村謹吾氏

謹吾氏の代になって、大正十三年十月二十六日、土浦町教育会は、土浦出身の学者で贈位された山村才助と色川三中と沼尻墨僊の三人の追遠祭を催し、その略伝を作って、故人の偉業をたたえ、郷土のほこりとした。

才助と謹吾氏との関係

最後に謹吾氏と才助との関係について一言しておこう。

才助の子昌宝(まさとみ)には九人の子供があった。その第七番目吉知(よしとも)は、同藩の伊東条八の養子となった。つまり、今の山村謹吾氏の父である。そうすると、才助からいうと、その七番目の孫伊東吉知の五男が謹吾氏である。謹吾氏は、わが山村才助先生の曽孫に当り、先代の慶二とは従兄弟に当る。

その謹吾氏からは、この『山村才助』を書くに当って、同家の系図(巻末所載)や、家蔵の貴重資料を快よく貸与され、心あたたまる指導と激励を与えられた。それ故、この本は、はるかに才助先生に血縁の一線で、つながっているのだといってもよかろう。(昭和三四・四・一九日)

山村家系譜（山村謹吾氏所蔵）

宇多源氏

一品式部卿
敦実親王（宇多天皇第八皇子。宇多源氏の元祖。仁和寺宮と称す。康保四（九六七）年歿。年七十五。（鮎沢註））四世

∴章経　佐々木源太夫従五位下左近将監始住近江国佐々木、嗜弓馬、家紋四ツ目結、

─経方　佐々木源太夫従五位下、兵部丞、

─季定　佐々木源太夫号常恵冠者、

─秀義　佐々木源三　十三歳時源為義ノ養子ト成、保元平治ノ時義朝ニ随テ軍功ヲ励シ、寿永三年七月十九日於伊豆国山田郡平田城軍功ヲ顕シ城ハ退治トイヘトモ老屈ノ上其身痛手負テ死ス、于時七十三歳、則自関東被定第一勲功、御感之余リ預設後之賞也、

─定綱　佐々木太郎、検非違使左衛門少尉、京都所司代久勤、入道ス、頼朝卿伊豆在国ノ時ヨリ随使シ武功度々ニ及、元久二年四月九日卒、

─□佐々木二郎

・─盛綱　佐々木三郎、左兵衛尉、法名　念、度々武功ヲ顕ス、藤戸海ヲ馬ニテ渡越後城資長ヲ攻落ス、

─高綱　佐々木四郎左衛門尉、備前安芸周防因幡伯耆日向出雲一七ケ国ヲ領ス、杉山合戦七ケ度先懸、宇治川先陣、号野木、出家シテ住高野、

義清　佐々木五郎左衛門尉、隠岐守、従五位下、入道心願、号隠岐、住相州大庭、

兼秀　佐々木六郎

能恵　佐々木七郎、出家

信実　加持太郎　法名西仁　越後国領加持庄、故号加持、寛元元年七月廿六日卒、六十八歳、

実秀　左兵衛尉　法名寂然　上野国領礒部郷、故為称号礒部次郎、

実綱　太郎左衛門尉、任筑前守、法名寂円、弘仁七年四月四日出家、永仁五年四月十五日卒、七十八歳、

長綱　源太左衛門尉　筑前守、法名秀円、

時綱　太良左衛門尉　嘉元四年五月十三日卒、六十三歳、

宗綱　孫太郎

有綱　小次郎　左衛門尉

有秀　次郎

時秀　小三郎　民部丞

秀重　三郎

勝秀　五郎左衛門尉

秀兼　礒野太郎左衛門尉　住江州礒野、仍改礒部号礒野、

秀末　右衛門太夫　江州属浅井祐政有勇名、

秀行　源三郎　有勇名、

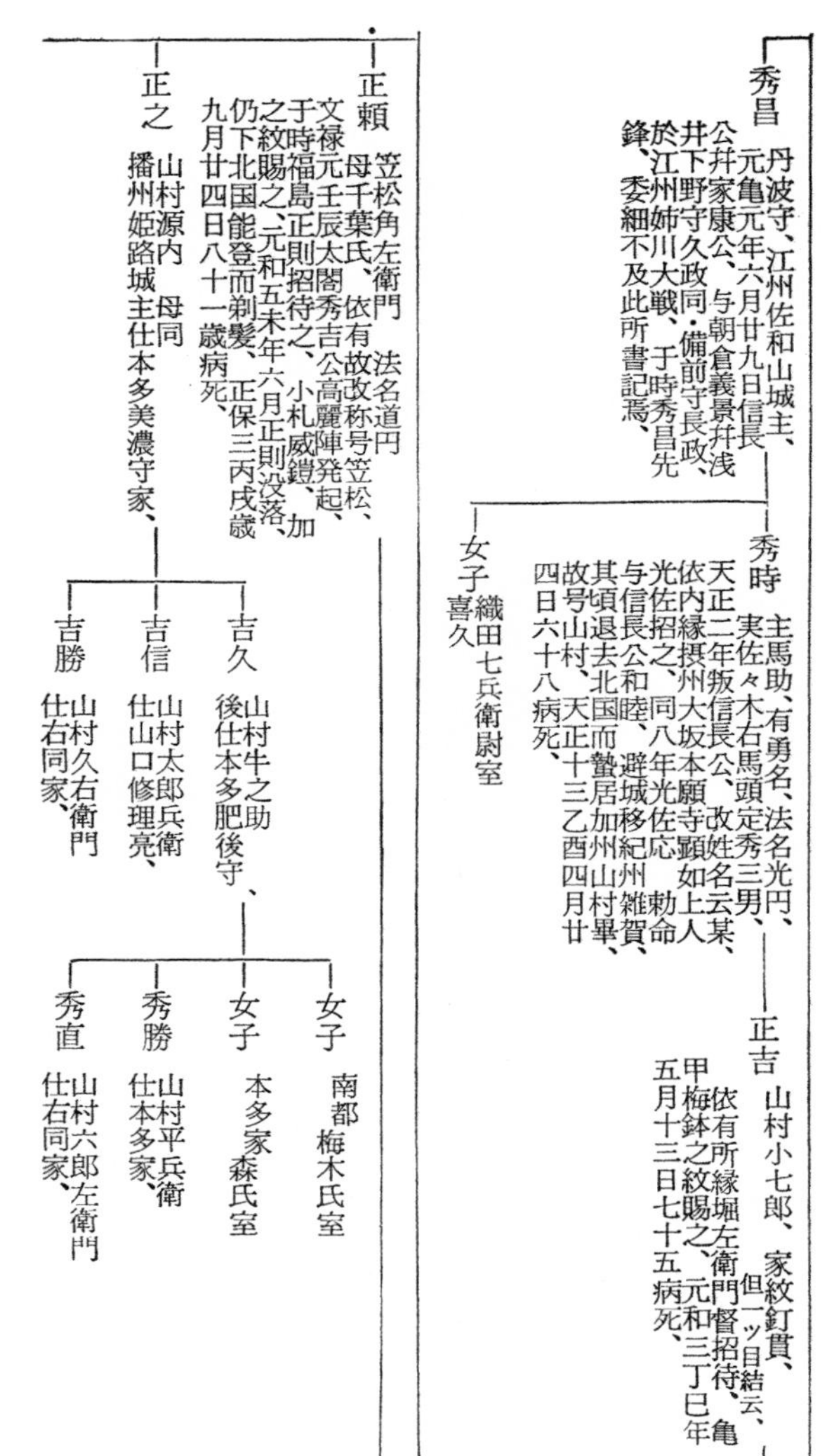
秀昌　丹波守、江州佐和山城主、
元亀元年六月廿九日信長
公并家康公、与朝倉義景并浅
井下野守久政同・備前守長政、
於江州姉川大戦、于時秀昌先
鋒、委細不及此所書記焉、

秀時　主馬助、有勇名、法名光円、
実佐々木右馬頭定秀三男、
天正二年叛信長公、改姓名云某、
依内縁摂州大坂本願寺顕如上人
光佐招之、同八年光佐応勅命
与信長公和睦、避城移紀州雑賀、
其頃退去北国而蟄居加州山村畢、
故号山村、天正十三乙酉四月廿
四日六十八病死、

女子　織田七兵衛尉室
喜久

正吉　山村小七郎、家紋釘貫、
但一ッ目結云、
依有所縁堀左衛門督招待、亀
甲梅鉢之紋賜之、元和三丁巳年
五月十三日七十五病死、

正頼　笠松角左衛門　法名道円
母千葉氏、依有故改称号笠松、
文禄元壬辰太閤秀吉公高麗陣発起、
于時福島正則招待之、小札威鎧、加
之紋賜之、元和五未年六月正則没落、
仍下北国能登而剃髪、正保三丙戌歳
九月廿四日八十一歳病死、

正之　山村源内　母同
播州姫路城主仕本多美濃守家、

吉久　山村牛之助
後仕本多肥後守、

吉信　山村太郎兵衛
仕山口修理亮、

吉勝　山村久右衛門
仕右同家、

女子　南都梅木氏室

女子　本多家森氏室

秀勝　山村平兵衛
仕本多家、

秀直　山村六郎左衛門
仕右同家、

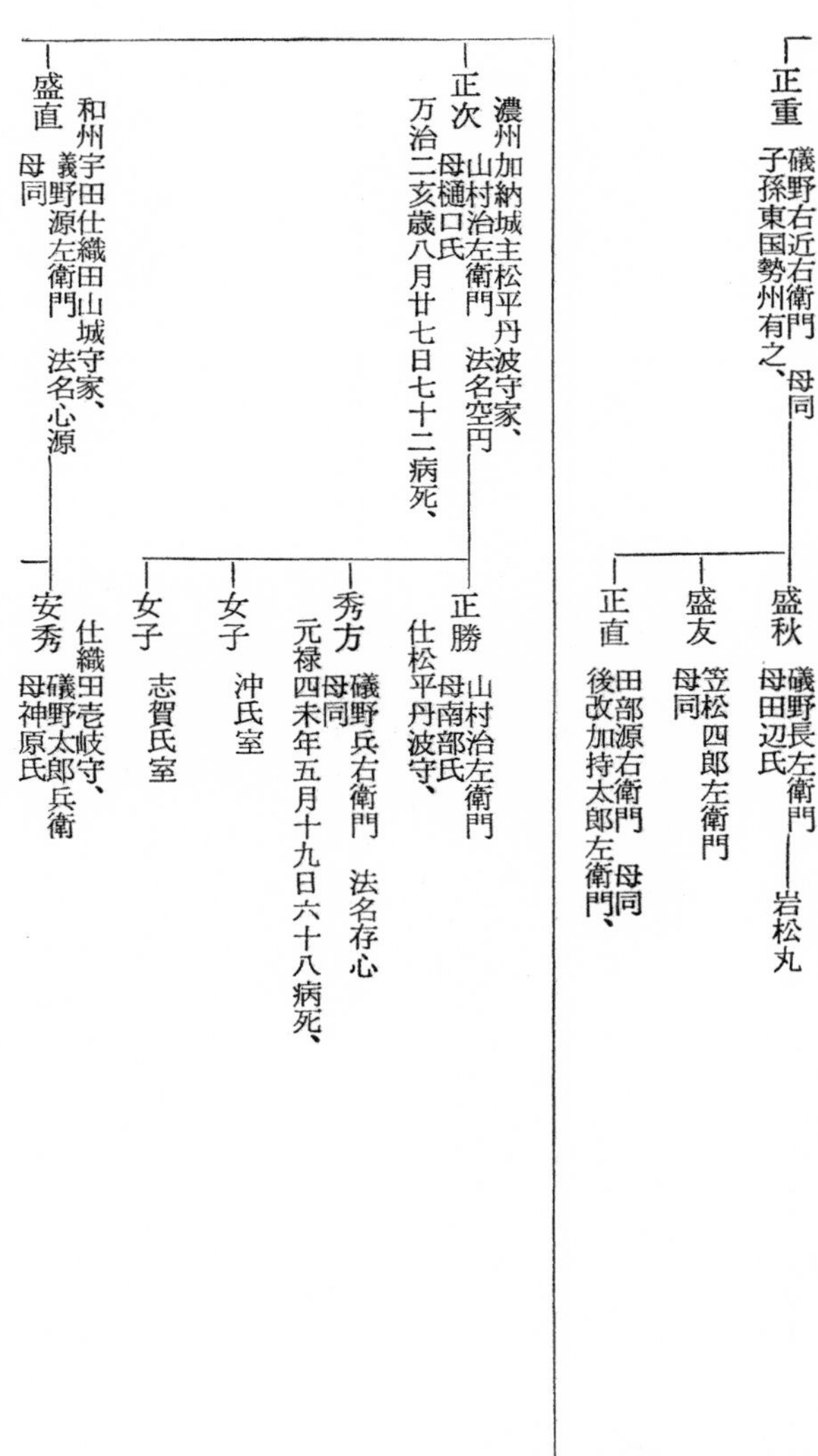

正重　礒野右近右衛門　子孫東国勢州有之、　母同

盛秋　礒野長左衛門　母田辺氏

岩松丸

盛友　笠松四郎左衛門　母同

正直　田部源右衛門　後改加持太郎左衛門、　母同

正次　濃州加納城主松平丹波守家、　山村治左衛門　法名空円　母樋口氏　万治二亥歳八月廿七日七十二病死、

正勝　山村治左衛門　母南部氏　仕松平丹波守、

秀方　礒野兵右衛門　法名存心　母同　元禄四未年五月十九日六十八病死、

女子　沖氏室

女子　志賀氏室

盛直　和州宇田仕織田山城守家、　義野源左衛門　法名心源　母同

安秀　仕織田壱岐守、　礒野太郎兵衛　母神原氏

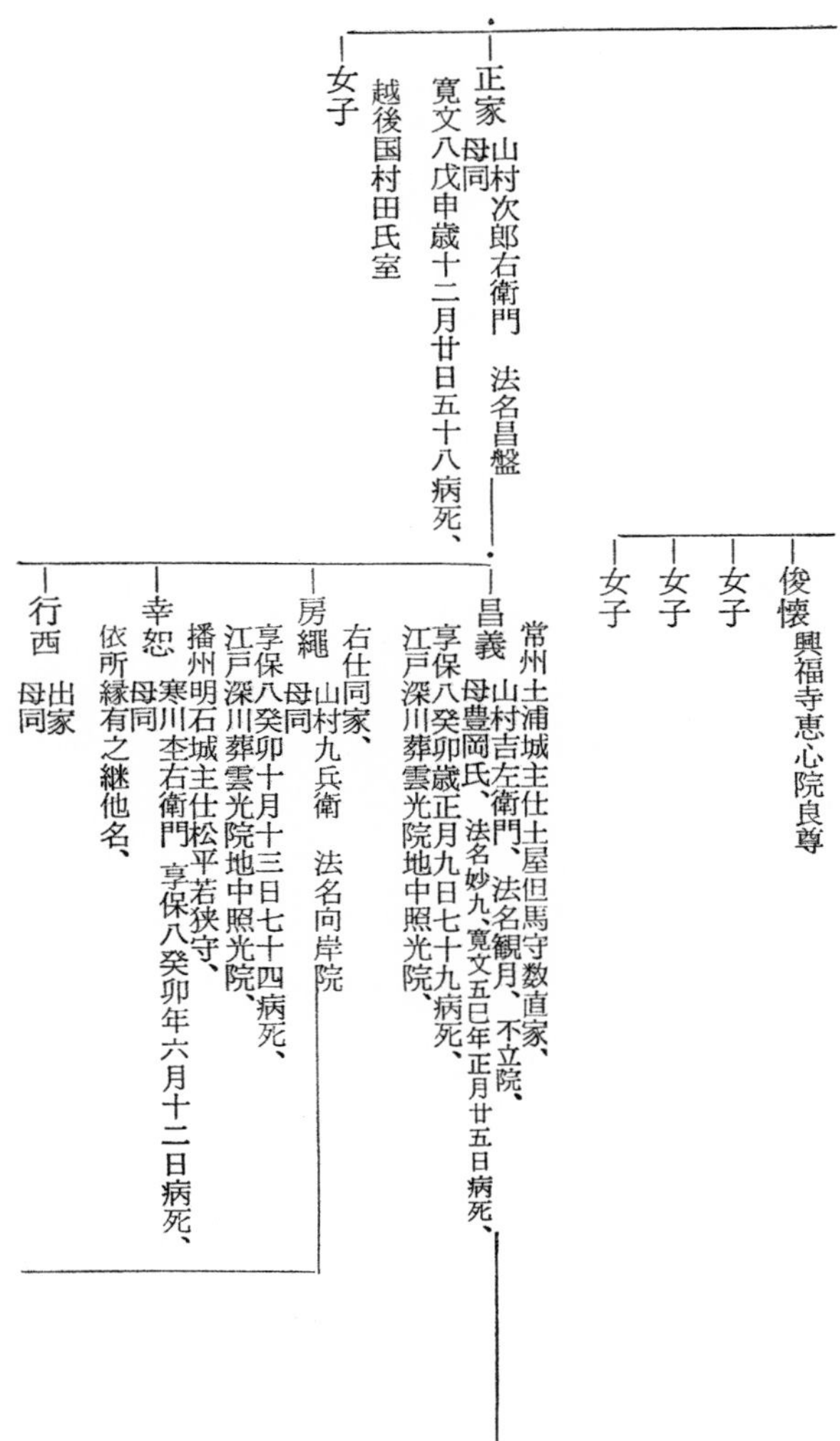

俊懐　興福寺恵心院良尊

女子

女子

女子

正家　山村次郎右衛門　法名昌盤
母同
寛文八戊申歳十二月廿日五十八病死、

女子
越後国村田氏室

昌義　山村吉左衛門、法名観月、不立院、
常州土浦城主仕土屋但馬守数直家、
母豊岡氏、法名妙九、寛文五巳年正月廿五日病死、
享保八癸卯歳正月九日七十九病死、
江戸深川葬雲光院地中照光院、

房縄　山村九兵衛　法名向岸院
右仕同家、
母同
享保八癸卯十月十三日七十四病死、
江戸深川葬雲光院地中照光院、

幸恕　寒川杢右衛門　享保八癸卯年六月十二日病死、
母同
播州明石城主仕松平若狭守、
依所縁有之継他名、

行西　出家
母同

女子　植村氏室

女子　柴田氏室

英房　山村弥七郎
宝永元甲申歳、九歳而江戸半堂惣一惣矢数壱万二千余通矢一万五百十三筋、
四月廿四日酉刻始翌廿五日午刻終、翌二乙酉年四月八日病死、法名覚真院、

房次　山村団四郎
実岡田氏男
──房高　山村李之丞
実岡田氏男

昌豊　山村庄蔵、初名小七郎、法名雪沢軒童也、
延享四年丁卯九月八日病死、歳七十七、
江戸深川葬雲光院地中照光院、

某　山村源四郎、早世、法名本夢、
母　元禄七甲戌年十二月廿八日病死、
江戸深川葬雲光院地中照光院、

山村源五郎　元禄八乙亥年四月十四日病死、
江戸深川葬雲光院地中照光院、

女子　土屋家
富岡氏室、法名、母源四郎ト同、法名貞意、
佐代　宝暦十庚辰年九月廿二日七十三病死、
江戸葬三田山浄閑寺、

昌周　山村郷助、初名岩之允、法名虚谷軒、
明和五戊子年正月十四日病死、歳五十八、
江戸深川葬雲光院地中照光院、母細野氏、

通倫　同家河野縫右衛門養子
河野丈七郎後五兵衛通周、法名緑了院、
母同家藤田玄昌女、
享和四甲子年病死

女子　山路、初名理世、仕尾州家、法名了真院殿、
大年寄勤、
文化四丁卯年五月十一日病死、歳八十六、
江戸深川葬雲光院地中照光院、

昌茂 山村伊之助、市弥、司、法名山村軒、
母同家富田団右衛門女晴、初名捨、
文化十三丙子年九月六日病死、歳七十四、
江戸深川葬雲光院地中照光院、

昌敬 山村虎三郎、後慶蔵、法名義昌院、
母同
戸田大隅守臣鈴木覚兵衛養子、
文化八辛未年六月十六日病死、
下野足利葬法楽寺、

昌永 山村才助、字子明、号夢遊道人、法名将応院、
母秋元但馬守涼朝臣山瀬新五兵衛号蘭台女
新井白石著ノ采覧異言ヲ訂正増訳シテ十二巻ト
ナシ、文化元年幕府ニ進覧ス、時恰魯西亜国使
サラット来リ通信ヲ乞ハレ、国内大ニ外憂ノ慮
アリ、忽内命下リ魯西亜国志六巻・魯西亜国志
世紀二巻ヲ翻訳シ、其他西洋雑記・印度志等ノ
訳著ヲナス、
幕府内命ヲ下シテ旗下ノ臣トナサントセラレタ
ルモ、病ニ罹リ文化四丁卯年九月十九日卒、歳
三十八、
江戸深川葬雲光院地中照光院、
大正四年十一月十日、登極ノトキ特旨ヲ以テ従
五位ヲ贈ラレタルニ依リ、旧土浦城趾内ニ其紀
恩碑ヲ建、

三隅 海塩忠左衛門、初名小七郎、又岩次郎、
阿部備中守臣海塩庄兵衛養子
文政八年十月廿五日卒、小石川原町葬寂円寺、
母同　法名斎戒院、

昌一 山村岩蔵、初郷次郎、法名覚明院、
母同
天保八酉年十二月廿四日病死、葬照光院、

女子　文化十四巳年九月廿一日卒、法名肖心院　葬照光院、母内藤氏

昌宝　山村司、初名豊次郎、又郷助、法名寿量院、母同藩富田団右衛門妹、嘉永七甲寅年十月十八日卒、歳五十九、天保十三寅年八月廿九日才次昌大ノ代土浦へ住居被仰付、墳墓地ナキ為末家九兵衛菩提所土浦東崎高翁寺仮葬、

某　早世虎三、法名理雪、文政八年十二月六日卒、葬照光院、母同藩牧汶平女、

昌大　山村才次、初名小七郎、法名寂静院、母同安政二乙卯年十月廿四日卒、歳三十一、土浦葬高翁寺、仍嗣子無、弟鐘次郎昌氏為順養子、

昌氏　山村鐘次郎、法名顕高院、慶応元乙丑年閏五月三十日卒、歳三十、土浦洪水ノ為真鍋村葬善応寺、実ハ昌宝四男、母牧汶平女、文久三亥年四月廿六日常名台新郭はノ拾番屋敷拝領、

女子　鉄、同藩飯島完助室、母同大正八年十月十七日卒、歳九十二、深川浄心寺葬、

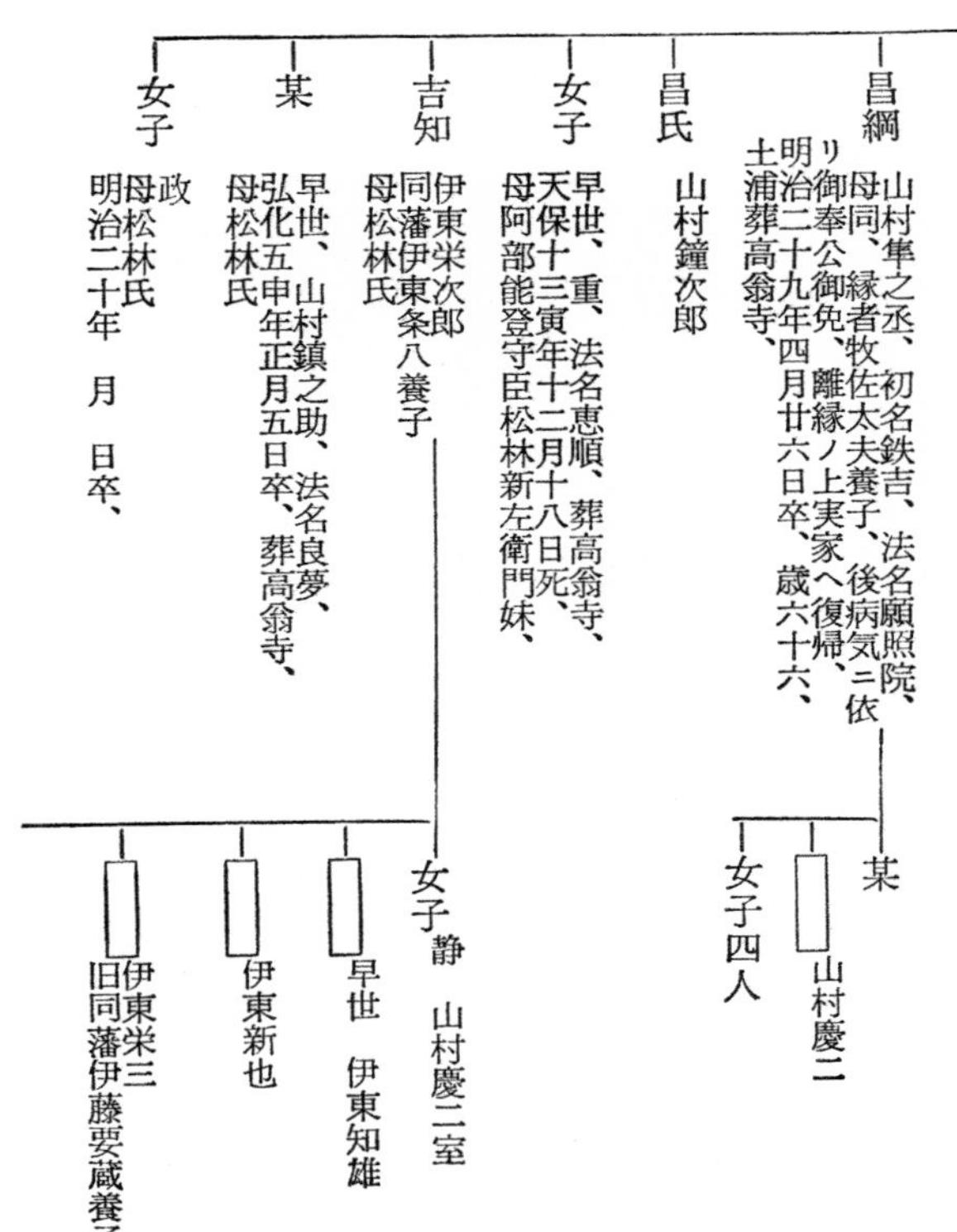

昌綱　山村隼之丞、初名鉄吉、法名願照院、母同、縁者牧佐太夫養子、後病気ニ依リ御奉公御免、離縁ノ上実家へ復帰、明治二十九年四月廿六日卒、歳六十六、土浦葬高翁寺、

某

山村慶二

女子四人

昌氏　山村鐘次郎

女子　早世、重、法名恵順、葬高翁寺、天保十三寅年十二月十八日死、母阿部能登守臣松林新左衛門妹、

吉知　伊東栄次郎　同藩伊東条八養子　母松林氏

女子　静　山村慶二室

早世　伊東知雄

伊東新也

伊東栄三　旧同藩伊藤要蔵養子

某　早世、山村鎮之助、法名良夢、弘化五申年正月五日卒、葬高翁寺、母松林氏

女子　政　母松林氏　明治二十年　月　日卒、

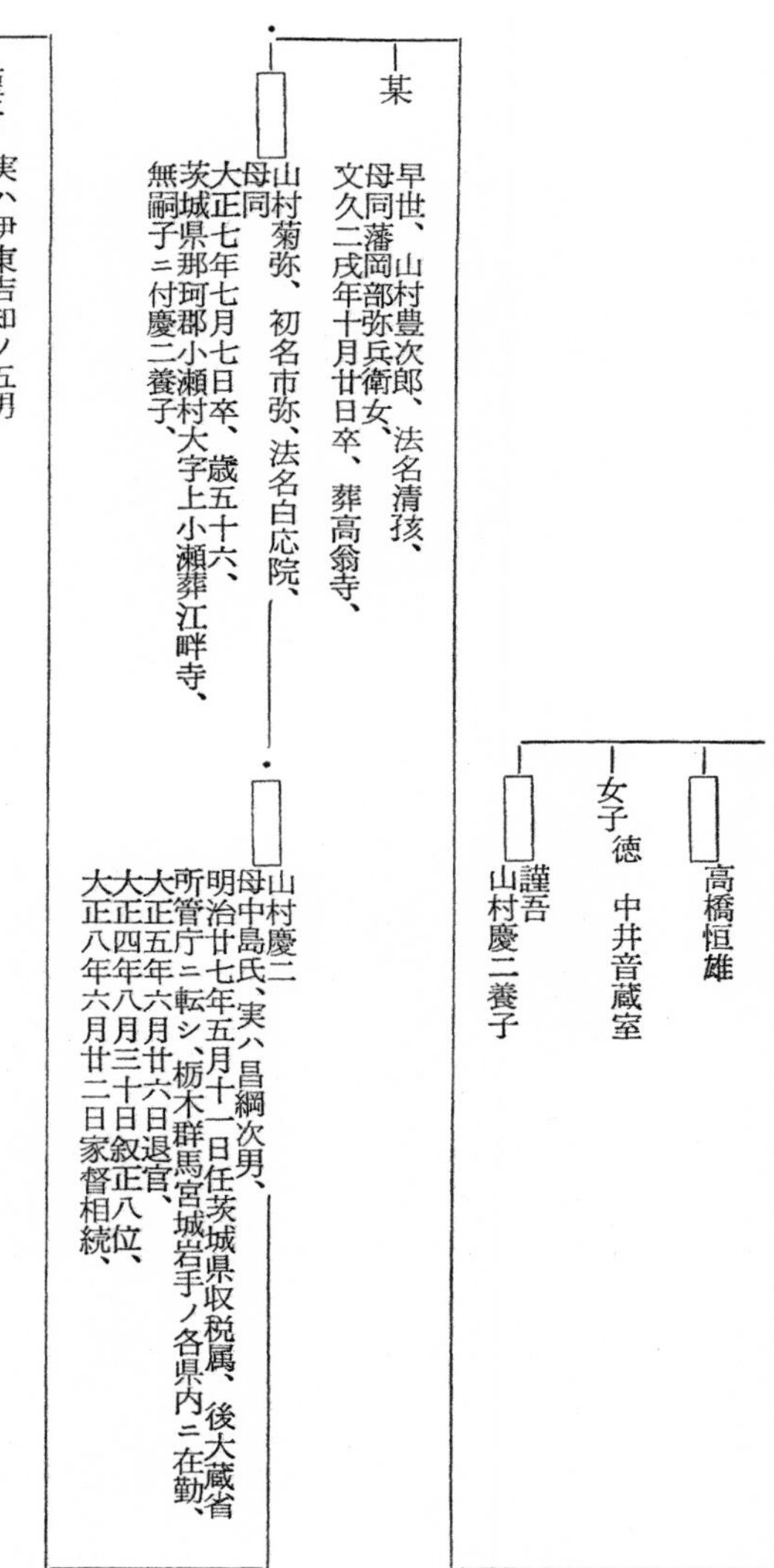

高橋恒雄

女子 徳 中井音蔵室

謹吾 山村慶二養子

某 早世、山村豊次郎、法名清孩、母同藩岡部弥兵衛女、文久二戌年十月廿日卒、葬高翁寺、

山村菊弥、初名市弥、法名白応院、母同 大正七年七月七日卒、歳五十六、茨城県那珂郡小瀬村大字上小瀬葬江畔寺、無嗣子ニ付慶二養子、

山村慶二 母中島氏、実ハ昌綱次男、明治廿七年五月十一日任茨城県収税属、後大蔵省所管庁ニ転シ、栃木群馬宮城岩手ノ各県内ニ在勤、大正五年六月廿六日退官、大正四年八月三十日叙正八位、大正八年六月廿二日家督相続、

謹吾 実ハ伊東吉知ノ五男

略年譜

年次	西暦	年齢	事蹟	関係事項
明和七	一七七〇	一	江戸土浦藩邸に生る	父司（つかさ）二八歳、母まき二〇歳、伯父市河寛斎二二歳
八	一七七一	二		前野良沢ら『解体新書』翻訳の稿を起す
安永元	一七七二	三		
二	一七七三	四	このころ柳の葉を集め文字を書いて遊んだと伝えられる	
三	一七七四	五		『解体新書』刊行
四	一七七五	六	紙鳶に大学章句序全文をうつしたと伝えられる	林子平、地球図を写す
五	一七七六	七		七月、土屋寿直襲封
六	一七七七	八		前野良沢『管蠡秘言』を著わす
七	一七七八	九		
八	一七七九	一〇		大槻玄沢『采覧異言』を写す
九	一七八〇	一一		

年号	年	西暦	年齢	事績	参考事項
天明	元	一七八一	一二		
	二	一七八二	一三		
	三	一七八三	一四		
	四	一七八四	一五		
	五	一七八五	一六		林子平『三国通覧図説』を著わす
	六	一七八六	一七	市河寛斎の『日本詩紀』巻一校訂	林子平『海国兵談』を著わす○豊田藤馬御目見
	七	一七八七	一八		
	八	一七八八	一九		
寛政	元	一七八九	二〇	大槻玄沢に入門	一二月、寿直卒す
	二	一七九〇	二一	前野良沢の著『仁言私説』を筆写し、これに横文字蔵書印を捺す	五月、土屋英直(寿直の弟)襲封。但馬守に任ず
	三	一七九一	二二		桂川甫周『地球全図』を作る
	四	一七九二	二三		ロシア使節ラクスマン来る
	五	一七九三	二四	内藤氏をめとる	
	六	一七九四	二五	女園生る○妻内藤氏山村家を去る	
	七	一七九五	二六	後妻、富田照をめとる	
	八	一七九六	二七	長男、司（つかさ）生る○祖母雲晴院歿	橋本宗吉『地球図』を刊行

年号	西暦	年齢	事項	関連事項
寛政 九	一七九七	二八	○『外紀西語考』成る	
一〇	一七九八	二九		
一一	一七九九	三〇		
一二	一八〇〇	三一	父、隠居。家督相続	
享和 元	一八〇一	三二	五月、『訂正四十二国人物図説』成る○八月『西洋雑記』成る○『六費弁誤』成る	
二	一八〇二	三三	『訂正増訳采覧異言』成る	
三	一八〇三	三四	三月『大西要録』成る○秋?『東西紀游』成る	土屋英直卒す○英直の子寛直襲封。左門と称す（左門は文化八年九月卒す）
文化 元	一八〇四	三五	『訂正増訳采覧異言』を幕府に進呈	豊田藤馬、三百五〇石どりの当主となる○高橋景保天文方となる
二	一八〇五	三六	『西洋雑記』二篇成る	
三	一八〇六	三七	一〇月二三日、才助の女俊方童女死○豊次郎(司)市河米庵に入門○九月『華夷一覧図説』成る○このころ『亜細亜諸島志』『印度志』『魯西亜国志』等引つづいて成る	大槻玄沢の『環海異聞』成る
四	一八〇七	三八	『百児西亜志』成る○九月一九日死去	

主要参考文献

岩崎克己「山村才助伝」（『日本医史学雑誌』一二八八号　昭和十六年二月発行）
同「山村家の系譜と墓碑」（雑誌『掃苔』十巻五号　昭和十六年五月号）
柳沢坦道『土浦の地理学者』（大正二年刊）
市河三陽遺稿 女万幾校「市河寛斎先生」（雑誌『書苑』昭和十四年七月号より昭和十六年六月号まで連載）
同「市河米庵伝」（雑誌『東洋文化』昭和十四年三月号より昭和十五年四月号まで連載）
岩崎克己「山村才助の著訳とその西洋知識の源泉に就いて」（雑誌『歴史地理』七七巻四号　昭和十六年四月号）

大久保利謙『日本近代史学史』（白楊社刊　昭和十五年十月）
鮎沢信太郎
大久保利謙共著『鎖国時代日本人の海外知識』（乾元社刊　昭和二十八年）
土浦町教育会『贈従五位　山村才助先生略伝』
（色川三中・沼尻墨僊併載　大正十三年十月刊）
大槻如電『新撰洋学年表』（昭和二年一月刊）
岡村千曳『紅毛文化史話』（創元社刊　昭和二十八年六月）
鮎沢信太郎『新井白石の世界地理研究』（京成社刊　昭和十八年八月）

著者略歴

明治四十一年生れ
昭和七年日本大学法文学部文学科卒業
昭和十一年東京文理科大学史学科卒業
日本大学教授、横浜市立大学教授を歴任
文学博士
昭和三十九年没

主要著書

鎖国時代の世界地理学　新井白石の世界地理研究　地理学史の研究　マテオ=リッチの世界地図に関する史的研究　鎖国時代日本人の海外知識〈共著〉　漂流

人物叢書　新装版

山村才助

昭和三十四年十月十五日　第一版第一刷発行
平成　元　年四月　一　日　新装版第一刷発行

著　者　鮎沢信太郎（あゆさわしんたろう）
編集者　日本歴史学会
代表者　児玉幸多
発行者　吉川圭三
発行所　株式会社　吉川弘文館
東京都文京区本郷七丁目二番八号
郵便番号一一三
電話〇三―八一三―九一五一〈代表〉
振替口座東京〇―二四四
印刷＝平文社　製本＝ナショナル製本

『人物叢書』(新装版)刊行のことば

人物叢書は、個人が埋没された歴史書が盛行した時代に、「歴史を動かすものは人間である。個人の伝記が明らかにされないで、歴史の叙述は完全であり得ない」という信念のもとに、専門学者に執筆を依頼し、日本歴史学会が編集し、吉川弘文館が刊行した一大伝記集である。

幸いに読書界の支持を得て、百冊刊行の折には菊池寛賞を授けられる栄誉に浴した。

しかし発行以来すでに四半世紀を経過し、長期品切れ本が増加し、読書界の要望にそい得ない状態にもなったので、この際既刊本の体裁を一新して再編成し、定期的に配本できるような方策をとることにした。既刊本は一八四冊であるが、まだ未刊である重要人物の伝記についても鋭意刊行を進める方針であり、その体裁も新形式をとることとした。

こうして刊行当初の精神に思いを致し、人物叢書を蘇らせようとするのが、今回の企図である。大方のご支援を得ることができれば幸せである。

昭和六十年五月

日本歴史学会

代表者　坂本太郎

〈オンデマンド版〉
山村才助

人物叢書　新装版

2021年（令和3）10月1日　発行

著　者　鮎沢信太郎（あゆさわしんたろう）

編集者　日本歴史学会
代表者　藤田　覚

発行者　吉　川　道　郎

発行所　株式会社　吉川弘文館
〒113-0033　東京都文京区本郷7丁目2番8号
TEL　03-3813-9151〈代表〉
URL　http://www.yoshikawa-k.co.jp/

印刷・製本　大日本印刷株式会社

鮎沢信太郎（1908～1964）

ISBN978-4-642-75151-3